U0524740

首都文化研究丛书　　　　　　沈湘平　杨志 主编

蓬勃开放的
创新文化

戴俊骋 著

中国社会科学出版社

图书在版编目(CIP)数据

蓬勃开放的创新文化／戴俊骋著．—北京：中国社会科学出版社，2019.3
ISBN 978-7-5203-4227-8

Ⅰ.①蓬…　Ⅱ.①戴…　Ⅲ.①地方文化—研究—北京　Ⅳ.①G127.1

中国版本图书馆 CIP 数据核字(2019)第 057637 号

出 版 人	赵剑英
责任编辑	冯春凤
责任校对	张爱华
责任印制	张雪娇

出　版	中国社会科学出版社
社　址	北京鼓楼西大街甲 158 号
邮　编	100720
网　址	http://www.csspw.cn
发行部	010-84083685
门市部	010-84029450
经　销	新华书店及其他书店

印刷装订	北京君升印刷有限公司
版　次	2019 年 3 月第 1 版
印　次	2019 年 3 月第 1 次印刷

开　本	880×1230　1/32
印　张	8
插　页	2
字　数	183 千字
定　价	59.00 元

凡购买中国社会科学出版社图书，如有质量问题请与本社营销中心联系调换
电话：010-84083683
版权所有　侵权必究

丛书编委会

顾　问　许嘉璐　龙新民　阎崇年
　　　　　崔新建　张　淼　陈　丽
　　　　　李建平

主　编　沈湘平　杨　志

副主编　常书红　程美东　裴　植
　　　　　王　旭　戴俊骋　程光泉
　　　　　石　峰　赵亚楠　唐　萌

总 序 一

崔新建

北京师范大学北京文化发展研究院执行院长沈湘平教授主编出版四卷本"首都文化研究丛书",嘱我写几句话,以为序。写序乃画龙点睛之笔,至少是锦上添花之事,通常是大家名宿所为。我深知,自己既无锦上添花的本领,更没有画龙点睛的手笔,不具备作序的资格。机缘巧合,我同北京文化发展研究院、沈湘平教授、这套丛书的由来都有点关系,就借机把我所了解的情况作个交代,且算作补白,以答偿沈主编的谬托。

2002年,北京师范大学迎来百年校庆。建立北京文化发展研究院,是校庆期间确定的教育部与北京市共建北京师范大学的一个重点项目。2003年,北京师范大学北京文化发展研究院正式成立。当时还在北师大哲学系工作的我,荣幸地获聘兼任该院的北京文化发展战略研究所所长,成为研究院的首批兼职研究人员。2004年,研究院被北京市哲学社会科学规划办公室、北京市教委批准为首批北京市哲学社会科学重点研究基地。其间，我总有机会参加研究院举办的各种学术研究和交流活动。2006年，我离开北师大，先后在北京市委宣传部、北京市社会科学界联合会等单位工作，虽然参加北京文化发展研究院的活动少了，但每年总能在第一时间收到该院主持编写的《北京文化发展报告》。2016年到北京市哲学社会科学规划办公室工作后，同研究院的工作联系更多了。近两年，研究院连续举办了"城市文化发展高峰论坛""中小学传统文化教育论坛"和名家圆桌·"思想与学术40年""坐标2018"等系列学术研讨活动，编辑出版《京师文化评论》，在学界产生了很大反响。研究院发展的15年，恰好是文化建设在北京日益受到重视、更加自觉以文化创新驱动城市发展的15年。如今，研究院又推出《首都文化研究丛书》，必将在北京推进全国文化中心建设的过程中发挥应有的作用。

我与沈湘平教授的相识、相交，始于1991年，如今已超过27年。我们曾经在学院的同一个学科同事多年，并曾在学院的党委班子中做过搭档，属于相互非常了解的好朋友。他才思敏捷、才华横溢，是典型的湖南才俊。多年过去了，他的思想敏锐度不减，学术底蕴却日渐深厚。不过，我觉得他最大的特点是，勤奋努力，做事认真富有成效，属于愿意做事且能做成事的那种人。他担任北京文化发展研究院执行院长以来，研究院的学术活动空前活跃，成果显著，影响力大增，就是证明。就拿主编这套丛书来说，有的人可能还在坐而论道没有起而行之，有的还在因为诸多困难和顾虑犹犹豫豫，一年左右的时间他已经把成果摆在大家的面前了。丛书的其他作者，大多数我也比较熟悉，有的也是我曾经的同事。正是他们这种说干就干的做事方式，才会有如今丰厚的收获。

说到这套丛书的由来，我也算是个知情者。2014年，习近平总书记视察北京时，明确提出了北京作为全国政治中心、文化中心、国际交往中心和科技创新中心的城市战略定位。2017年，北京市成立由市委市政府主要领导任组长的推进全国文化中心建设领导小组。市委书记蔡奇同志提出：首都文化是个富矿，是北京这座城市的魂。首都文化至少应包括源远流长的古都文化、丰富厚重的红色文化、特色鲜明的京味文化和蓬勃兴起的创新文化。首都文化内涵的挖掘，成为服务文化中心建设的一个重大研究课题。在市社科规划办工作的我，在接到组织首都社科专家开展首都文化内涵研究的任务后，我感到，北京文化发展研究院是适合承担这一研究任务的团队之一。当把这个意思跟沈湘平教授沟通后，他非常爽快地接受了这一任务。之后，他们很快就行动起来，并形成了一些阶段性成果在《北京日报》理论周刊发表。现在，又在较短的时间内把更深入系统的研究成果呈现了出来。

我从攻读硕士研究生时候起，就对文化研究有很大兴趣。文化哲学的教学与研究，始终是我的研究方向之一。

我感到，开展首都文化内涵的挖掘，有一些基本的问题需要逐步厘清。比如，是提首都文化好还是提北京文化好？单从概念说，似乎二者不能划等号。从世界范围内看，每个国家都有自己的首都；从历史上看，中国至少有七大古都。就此而言，作为首都的城市，在文化上会有一些共性的东西，这都可以称作首都文化或都城文化。另外，北京在历史上也并非一直是首都，北京文化也并不仅仅是首都文化。但就当代中国而言，首都就是北京，北京就是首都。在这个意义上，首都文化就是北京文化，二者没有区别。再比如，文化内涵主要靠挖掘还是靠提炼？一般地说，文化资源无法穷尽，需要不断挖掘；而这些文化资源所蕴含的观念、规范、思维方式等即文化的内涵，则主要依靠从中提炼概括。还比如，古都文化、红色文化、京味文化、创新文化，是构成首都文化的四个方面，还是形成首都文化的四个元素？这四者之间的关系又是如何？北京的古都文化、红色文化、创新文化以及京味文化又有什么特点或特色？这些问题都需要通过深入的研究来具体回答。相信广大读者可以从这套丛书中找到部分答案，或提供解决问题的某种思路。我也相信，丛书的出版将成为深化首都文化研究的新起点。

是为序。

（崔新建，北京市人大副秘书长、政策研究室主任，北京市社科规划办主任）

总 序 二

文化是一个国家、一个民族、一个城市的灵魂。文化兴则国运兴，文化强则民族强，文化繁荣发展则城市繁荣发展。坚持和强化北京作为全国文化中心的核心功能，是中央着眼世界和全国作出的重要战略定位。2014年2月和2017年2月，习近平同志两次视察北京，都特别强调了这一点。2016年北京市又专门制定了《十三五时期加强全国文化中心建设规划》，这是北京市首次就加强全国文化中心建设做出一个重点的专项规划，从官方的顶层设计上明确了文化中心建设的指导思想、总体目标、基本原则、发展格局、主要任务和保障措施。2017年8月，北京市成立推进全国文化中心建设领导小组，强调建设全国文化中心，要集中做好首都文化这篇大文章，重点抓好"一核一城三带两区"，即以培育和弘扬社会主义核心价值观为引领，以历史文化名城保护为根基，以大运河文化带、长城文化带、西山永定河文化带为抓手，推动公共文化服务体系示范区和文化创意产业引领区建设，把北京建设成为弘扬中华文明与引领时代潮流的文化名城、中国特色社会主义先进文化之都。放眼整个中国乃至当今的世界，巴黎、纽约、伦敦、香港、上海、深圳等各大城市文化发展可谓是各领风骚，相互激荡。回看北京自身，新时代首都文化建设这篇大文章刚刚起笔，京津冀协同发展正在大力推进，文化认同问题更加凸显，雄安新区的崛起更是给国家文化中心建设带来新的思想契机，在这样的背景下，如何更好地发挥北京文化发展凝聚荟萃，辐射带动，引领创新，展示交流和服务保障的功能，推动北京朝着成为世界文化名城，世界文脉标志的目标迈进，成为北京文化研究的焦点问题。

首都文化是以悠久的北京地域文化为基础，会通涵融各地域、各民族文化，吸收借鉴外来文化，所形成的各种精神观念及外在呈现形态的集合。首都文化具有鲜明的历史性、地域性、融合性、首善性、创新性和先进性，既是中华文化的重要组成部分，也是中华文化的集大成者。首都文化主要包括源远厚重的古都文化、先锋引领的红色文化、融汇亲和的京味文化和开放蓬勃的创新文化四个方面。其中，古都文化是首都文化的根脉和底色，红色文化是首都文化的核心和灵魂，京味文化是首都文化的活态与表征，创新文化是首都文化的动力与动能。四个方面相辅相成、有机统一，共同塑造着北京的首都风范、古都风韵和时代风貌，构成了首都独特的精神标识。

一 源远厚重的古都文化

古都文化泛指历史上作为都城的城市所创造出的代表一个时代或一个国家的最高水平的文化。北京古都文化主要指北京在辽、金、元、明、清时期作为全国的中心区域及对外交往与交流中枢所创造的，代表中华文化特质和当时文化发展最高水平、并积淀传承至今的文化结构、文化要素和精神气质。

一是至正庄严。作为五朝帝都，北京文化具有强烈的国家、民族的正统意识。在建筑格局上，北京依据"天人合一，法天而治，象天设都"的传统都城规划理念，遵循辨正方位、讲求对称、突出中心的原则，以宫城为中心，以贯穿南北的中轴线为基准，把庞大复杂的城市要素组织成一个整体，"威天下，朝四夷"，方正不偏，庄重威严。北京2008年申奥成功后，中轴线再次向北延长4公里，直达奥林匹克公园绿色丛林中的仰山，体现天人合一的和谐境界。新中国之后形成的以"神州第一街"长安街为中心的东西轴线与南北中轴线相互映衬，形成了北京特有的城市结构中枢系统，也铸就了首都文化中正庄严的物质形态。

二是雍容博大。作为帝都文化的集中体现，北京古都文化具有从容大气、雍容华贵的气质，她是城市文化、都城文化中的"贵族"。其无与伦比的恢宏壮丽、金碧辉煌的皇家建筑,是这种气质、气派最直观的体现。在悠久的历史中,古都北京以高远博大的胸怀承载、吸引、融汇、萃取、发展各方文化,形成兼容并蓄、多元一体、包罗万象的自身文化。无论在文化的规模、结构、种类、高度、精度上,其他城市都不可比拟。

三是崇文厚德。作为古代全国政治中心,建都、定都北京的历代帝王都尊崇儒家思想,强调以文教化。中央政府在这里设置国子监等大量文化机构,组织殿试等系列文化活动,京师与全国各地以及其他国家、地区之间都有着多样的文化联系与交流,北京成为人才渊薮和文化津梁,形成崇尚人文的传统和"郁郁乎文哉"的气象。3000年来北京独特的历史积淀和自觉追求,也孕育了北京古都文化厚德的重要品格。这座古都里的人们"敦厚以崇礼",做人德为上,做事德为先。德泽育人、容载万物,最终凝结为北京古都文化的重要基因,首善之区也就成为千百年来人们对首都北京独一无二的历史定位与期许。

四是协和宁远。北京位于东北平原、蒙古高原、华北平原三个不同自然地理单元的交汇部,处在农耕文明和游牧文明的交汇处和东北、西北、西南几条古代大道的交汇点。北京的统治者一方面承续华夏民族的王朝正统,另一方面秉持"克明俊德,以亲九族。九族既睦,平章百姓,百姓昭明,协和万邦,黎民于变时雍"(《尚书·尧典》）的古训，形成一种包容、和睦的文化形态。北京作为五朝帝都，有四个朝代是少数民族建立的王朝，但无论是汉族作为统治者还是少数民族作为统治者，都很注意处理民族关系。汉文化与少数民族文化的交融，中西文化的交汇，传统文化与现代文化的会通，为北京协和天下、长治久安的文化特色注入了更为丰富的内涵。

古都文化是红色文化诞生、发展的重要基础和土壤，为后来北京率先接受和传播马克思主义，开辟红色文化奠定了思想方法的基础。正是在古都文化的熏染下，京城独特的"一方水土"孕育了鲜活的京味文化。古都文化的智慧、气度、资源也为北京了解世界风云变幻和世界发展趋势，引领创新潮流孕育了先机。

二　先锋引领的红色文化

北京有着光荣的革命传统、红色的文化基因，是一座英雄之城、革命之城、红色之城。首都的红色文化凝练、彰显了中国人民的革命精神和品格，并在当代实践中形成了爱国、创新、包容、厚德的北京精神。在首都北京，红色遗存遍布于山川之中，革命事迹传颂于大地之上。红色文化蕴含着丰富的革命精神和厚重的历史文化内涵。

一是忠诚正义。北京红色文化的首要特点是敏锐坚定的政治意识，始终不渝地对党忠诚。近代以来长期的斗争实践，使得北京的仁人志士们逐渐认识到，没有一个坚强政党领导，中国革命无法取得成功。李大钊、陈独秀在五四新文化运动时期最早介绍马克思主义，为中国共产党的成立进行了思想上、理论上的准备。1920年10月李大钊领导成立北京共产党小组，是国内最早的共产主义小组之一。在革命、建设和改革实践中，北京都始终坚定地拥护党的领导，维护党中央权威，具有极强的政治意识、大局意识、核心意识和看齐意识，始终在思想上、行动上与党中央保持高度一致。同时，北京人民矢志追求和坚持民族大义、人间正义，威武不屈，富贵不淫。在日常生活中，面对不平，北京人也往往选择挺身而出，见义勇为。

二是爱国为民。爱国是北京红色文化最鲜明的特质，也是北京精神的核心和灵魂。北京象征着中国，自觉地与中华民族同呼吸同命运，北京人具有最强烈的"天下兴亡，匹夫有责"的观念，对祖国怀有最浓烈、最深厚的热爱之情。近代以来几乎所有的爱国运动都从这里发起，然后席卷全国。新中国成立之后，北京由皇家主宰、官僚把持的城市真正变成了人民的城市，人民成为这座城市的真正主人。城市建设的核心理念从君权主体论转向了人民主体论。长期以来，北京始终坚持人民至上，切实尊重人民主体地位和首创精神。

三是担当牺牲。经过28年的浴血奋战，北京成为中华人民共和国的首都；又经过近70年的建设，北京已经由1949年的200万人的民生凋敝的城市发展为3000万人的生机勃勃的国际大都市。在此过程中，北京人民形成了不懈奋斗、不怕牺牲的意志品质和顾大局、敢担当、守纪律、重奉献精神风貌。1921年，北京最早建立了产业工人党小组。1922年，长辛店工人罢工的胜利将京汉铁路大罢工推向了新高潮。在被日军占领的期间，北京人民进行了一系列艰苦卓绝的斗争，平西根据地抗日和焦庄户地道战名垂青史。1949年石景山发电厂的工人组织起来，成功地保护了电厂，保证了北平的供电，为北平和平解放做出了重大贡献。建国之后首钢、燕化等一批现代工业建设起来，成为首都现代工业脊梁。从石传祥、张秉贵到李素丽、宋鱼水，一代代北京人传承着爱岗敬业、踏实奉献的精神风范。

四是首善力行。首都文化的长期浸染形成了北京自觉而强烈的首都意识。北京始终发挥着思想引领高地、价值观高地和道德高地的作用。100年前，十月革命一声炮响给中国送来马克思主义，这个开天辟地的大事就发生在北京。新中国成立后，党的思想理论、方针政策无不自北京发布。真理标准大讨论的思想解放和改革开放的号角也是在北京吹响。从邓小平理论、"三个代表"重要思想、科学发展观，到习近平新时代中国特色社会主义思想，作为中国共产党人集体智慧结晶的马克思主义中国化的理论成果都诞生于北京，进而指导、辐射全国，影响世界。同时，作为共和国的首善之区，北京在培育和践行社会主义核心价值观，构筑中国精神、中国价值、中国力量，夯实人们共同奋斗的思想道德基础方面始终走在前列，发挥着表率和引领作用。

忠诚正义、爱国为民、担当牺牲、首善力行的红色文化，以马克思主义为指导，是继承弘扬包括北京古都文化在内的中华民族优秀传统文化、吸纳人类先进文化的产物。红色文化为京味文化增添新元素、新特质，为创新文化提供主旋律、正能量，始终以先进文化统摄和引领整个首都文化发展。

三　融汇亲和的京味文化

在长期的历史发展中，北京逐渐形成一种独具地方韵味的市井文化，即京味文化，以天子脚下、皇城根中、胡同中、四合院里的平民文化为主体，上承宫廷文化和缙绅文化的营养；以北京地区的汉族文化为主体，横融满、蒙、藏等其他兄弟民族文化的精粹。京味文化是首都寻常百姓的文化，是首都文化中最鲜活、最接地气的部分。

一是诚信重礼。京味文化深受儒家伦理的影响，养成了一种讲究诚信、注重礼仪的古朴民风。北京至今犹存一批始建于明清或民国的老字号，具有浓郁的儒商精神，诸如践行"同修仁德、济世养身"的同仁堂，坚持"全而无缺、聚而不散、仁德至上"的全聚德等，充分体现了京味文化重诚信的一面。如果说注重诚信是儒家伦理的内在表现的话,那么注重礼仪则是儒家伦理的外在流露。北京人向以凡事讲究礼数、"有礼有面"著称,"彬彬有礼"四个字早已融入北京文化的每一个"细胞"里,流露在北京人的举手投足间。这些礼仪不论贤愚、不分贵贱,都是那么周到热情。

二是通达自在。京味文化继承和弘扬了元代以来的市民文化精神,追求个性自由、闲适安乐。北京人居于京城当然尊重社会地位,却又视富贵如浮云,并不刻意追过闻达,更瞧不起蝇营狗苟。无论生活水平是高是低,人生顺遂还是坎坷,京味文化所体现的是一种安适闲散、知足常乐的人生态度。基于这种通达,北京人普遍展现出一种直面现实的幽默感,善于自我调侃。北京人的善"侃",更多时候不是为了交流信息,而是一种与外界积极保持联系、缓释生活压力、倾诉内心不平的方式。

三是雅俗共赏。在北京,传统上作为俗文化的平民文化与宫廷文化、缙绅文化等不同的文化层级间能和平共处,又相互影响,京味文化就是在雅俗文化之间互鉴互易、相生相济基础上形成的,从而既具备北京地方韵味,又具有一定程度的宫廷气象与鸿儒风范;既具有多元的品味,又具有较高的追求。清末民初的政治变革,结束了两千多年的王朝统治,宫廷文化大量流出,部分精华内容渗透于民间,融入了京味文化之中。随着"五四"新文化运动的兴起,民俗民情受到进步文人的重视，使京味文化得以登堂入室。这样一种由上至下和由下至上的双向运动，使得京味文化具有了大俗大雅、以雅统俗、以俗存雅、雅俗共赏的特点。

四是和乐交融。京味文化是不同地域、民族、阶层文化会通、交融的结果。这样一种交融是你中有我、我中有你，充满世俗情趣的愉悦互动。比如，戏曲方面，国粹京剧前身是清初流行于江南地区的徽班，徽班进京演出同来自湖北的汉调艺人合作，相互影响，又接受了昆曲、秦腔的部分剧目、曲调和表演方法，逐渐融合、演变，才发展成为饮誉世界的煌煌国粹。饮食方面，各类菜系逐渐汇入北京，酝酿发展，最后形成了今日北京蔚为壮观的饮食文化，诸多美食脍炙人口，国内外耳熟能详。1949年后，大批机关干部、军队官兵、知识分子和普通民众从全国各地汇聚北京，以大院文化的方式为京味文化融入了多元一体、昂扬向上的新时代的革命元素，推动京味文学继续向前发展，发展出了新京味文学，以邓友梅、王朔等作家为代表的新京味文学风靡一时，并很快衍生出以何冀平、冯小刚、姜文等为代表的京味戏剧和京味影视，至今影响不衰。不同文化的和乐交融，共同熔铸了开放、包容、大气、生机勃勃的京腔、京韵与京味。

重礼诚信、自在通达、雅俗共赏、和乐交融的京味文化以源远厚重的古都文化为基础，又丰富和活化了古都文化，也以最接地气的方式涵养着红色文化。古都文化和红色文化共同锻造了京味文化独有的精气神。京味文化还为创新文化提供了丰富的资源、有益的启迪，使首都的创新打上了深刻的京味烙印。

四 蓬勃开放的创新文化

创新文化是指在一定社会历史条件下，在创新及创新管理活动中所形成的文化，主要包括有关创新的价值观、制度规范、物质文化环境等。首都蓬勃兴起的创新文化是北京人民大胆探索、勇于创造、自强不息、锐意进取的精神体现，表现为敢于开拓、宽容失败的创新氛围，各得其所、人人出彩的创新机会，要素齐全、人才密集的创新优势，科技与人文深度结合的创新特色。

一是传承超越。作为千年古都，北京在发展中始终吐故纳新，荟萃精华，涵养出了海纳百川、包容天下的精神，既注重文化传承，又勇于超越。建国之初，基于全国生产力落后、技术薄弱的现实，北京明确提出"建设成为我国强大的工业基地和技术科学中心"的目标。1959年，总结市区工厂过多、布局不合理以及供水紧张、环境污染等教训，北京正式决定"今后除十分特殊的情况以外，在规划范围内一般不再摆工厂"，实现了城市发展思想上的一个重要转折。上世纪80年代，北京一再强调"工业建设的规模要严加控制"，"今后北京不要再发展重工业。"到90年代初，北京确定城市性质是

"全国政治中心和文化中心,是世界著名的古都和现代国际城市"。近年来,针对首都发展中的"大城市病",毅然决定疏解非首都功能,通州城市副中心建设、京津冀一体化和雄安新区崛起等重大决策应运而生。

二是涵容出彩。包容是北京精神的重要内涵,也是首都文化的重要特征。在首都的创新创业中,人们既为成功者喝彩,也为失败者加油,形成了全社会"鼓励创新,宽容失败"的环境氛围。北京生活成本高、压力大,可谓居大不易,但是四面八方的人愿意来到北京,一个极其重要的原因是北京拥有其他地方无法比拟的干事创业的机遇,这正是首都文化重要的软实力。随着中国的迅速崛起,不仅中国以空前的方式深度走向世界,世界也以空前的方式深度走进中国,北京作为中国的首都迎来了前所未有的世界机遇。把世界的机遇变为中国的机遇,也让中国的机遇成为世界的机遇。这些机遇不仅属于这座城市,而且属于生活在这座城市的每一个人。在这里,人人拥有出彩的机会。

三是居高致远。北京是国家理念、制度、科技、文化创新发展的重要策源地,富集了其他城市难以企及的国家级创新资源和平台。北京是我国教育、科技、人才乃至企业、市场渠道最为密集的地区。全国半数以上的两院院士在这里工作和生活。北京拥有央企总部数量位居全国第一,是拥有世界 500 强企业总部最多的城市。与此同时,北京还引领全国乃至世界流行文化、大众文化发展的方向，北京电影节、北京音乐节、北京戏剧节、北京国际青年戏剧节、北京国际旅游节等大型文化活动应接不暇，北京正成为国际文化活动中心、文化创意之都和时尚设计之都，引领积极向上的时代潮流。

四是化物弘人。作为国家创新中心，北京强调科技以人为本、创新以人为本，以满足人民日益增长的物质特别是精神文化需要为出发点，进一步带动全国科技发展以造福人民。一方面注重挖掘传统文化资源，用传统文化精神融入到现代科技成果之中。另一方面注重网络虚拟技术、人工智能技术的创新，一大批网络动漫、游戏，走出国门。正是以人文为导向，首都创新最大限度地为人们创造了便捷、绿色、舒适的生活条件，惠及所有城市居民，首都因此而变得更加和谐宜居，人们的生活更因此变得日益幸福，对全国乃至世界越来越发挥着引领示范作用。

传承超越、涵容出彩、居高致远、化物弘人的创新文化是首都文化中最体现时代精神、面向世界和未来的维度，为古都文化实现创造性转化、京味文化顺应全球化发展提供强大支持。创新文化是红色文化的题中之义和重要基因，创新文化助力红色文化，保证首都文化可以更好地引领全国、辐射世界。

至正庄严、雍容博大、崇文厚德、协和宁远的古都文化，忠诚正义、爱国为民、担当奉献、首善力行的红色文化，诚信重礼、通达自在、雅俗共赏、和乐交融的京味文化，传承超越、涵容出彩、居高致远、化物弘人的创新文化，构成了首都文化的主要内容。

走进新时代，中国人从站起来、富起来进入到强起来阶段，人民日益增长的美好生活需要与不充分不平衡发展之间的矛盾成为社会主要矛盾。坚定文化自信，铸就中华文化新辉煌成为新的历史使命。北京作为全国文化中心，更是肩负对外展示国家文明形象，对内增强文化自信，对全国文化建设起着引领示范作用。为此，北京师范大学北京文化发展研究院以古都文化、红色文化、京味文化、创新文化为专题，编撰了这套《首都文化研究丛书》，力图对首都文化进行深入细致的研究和阐释，总结其发展过程中的经验和教训，以做好首都文化这篇大文章，更好发挥首都全国文化中心的凝聚荟萃、辐射带动、创新引领、展示交流和服务保障功能，为把北京建设成为充满人文关怀、人文风采和文化魅力的文化名城贡献自己的一份力量。

本研究丛书是北京市社会科学基金重大项目"文化发展基础理论及指标体系研究"（项目号17ZDA07）和北京师范大学学科交叉建设项目"文化发展理论与北京文化战略研究"的阶段性成果之一。丛书共分四册：常书红、杨志撰写的《源远厚重的古都文化》；裴植、程美东撰写的《先锋引领的红色文化》；王旭撰写的《融汇亲和的京味文化》；戴俊骋撰写的《蓬勃开放的创新文化》。

北京师范大学北京文化发展研究基地
2019年1月

目 录

第一章 首都创新文化的生成 …………………（ 1 ）
　第一节　创新文化的概念和特征 …………………（ 2 ）
　　一　创新文化的概念 ……………………………（ 2 ）
　　二　创新文化的特征 ……………………………（ 6 ）
　第二节　创新文化的动力 …………………………（ 13 ）
　　一　市场主导动力模式 …………………………（ 14 ）
　　二　政府引导动力模式 …………………………（ 15 ）
　　三　双轮驱动动力模式 …………………………（ 15 ）
　　四　生态营造动力模式 …………………………（ 17 ）
　第三节　创新文化的动能 …………………………（ 18 ）
　　一　创新文化之于创新活动的动能 ……………（ 19 ）
　　二　创新文化之于经济发展的动能 ……………（ 20 ）
　　三　创新文化之于城市治理的动能 ……………（ 25 ）
　第四节　国内外创新文化实践 ……………………（ 27 ）
　　一　世界代表国家创新文化实践 ………………（ 27 ）
　　二　国内代表城市创新文化实践 ………………（ 36 ）

三　国内外创新文化的启示借鉴 …………………（41）
第五节　首都创新文化的特色 ……………………（45）
　　一　首都创新文化的特色凝练 ……………………（45）
　　二　首都创新文化与三大文化的关系 ……………（52）

第二章　传承超越的创新文化 ……………………（59）
　第一节　尊重传统 ……………………………………（59）
　第二节　与时俱进 ……………………………………（65）
　　一　古燕蓟 …………………………………………（65）
　　二　金中都 …………………………………………（66）
　　三　元大都 …………………………………………（68）
　　四　明北京城 ………………………………………（71）
　　五　清北京城 ………………………………………（72）
　　六　近代北京城 ……………………………………（74）
　第三节　不断超越 ……………………………………（75）
　　一　不断创新超越的城市总规 ……………………（75）
　　二　中国最创新"村"的成长——中
　　　　关村 ……………………………………………（80）
　第四节　成就卓越 ……………………………………（85）
　　一　国内外排行中的"创新北京" …………………（85）
　　二　历史长河中璀璨的创新成就 …………………（88）
　　三　全国科技创新中心最新成就彰显 ……………（95）

第三章　居高致远的创新文化 ……………………（100）
　第一节　要素富集 ……………………………………（100）
　　一　创新资源最集聚 ………………………………（101）

二　创新要素最密集 …………………………………（102）
　　三　创新成果最富集 …………………………………（103）
　　四　创新动能最强劲 …………………………………（105）
　第二节　国家高度 ………………………………………（106）
　　一　代表国家创新成果的最高水平 …………………（106）
　　二　站在国家高度的辐射共享 ………………………（108）
　　三　创新总部和央地协同的主阵地 …………………（109）
　　四　国家创新成果的首发站和主秀场 ………（111）
　第三节　国际视野 ………………………………………（116）
　　一　国际创新文化交流平台 …………………………（116）
　　二　国际创新巨擘首选地 ……………………………（119）
　　三　国际成果集中展示高地 …………………………（121）
　　四　国际创新人才汇集地 ……………………………（124）

第四章　涵容出彩的创新文化 ……………………………（130）
　第一节　敢于开拓，机会均等 …………………………（130）
　第二节　鼓励探索，宽容失败 …………………………（139）
　第三节　各得其所，人人出彩 …………………………（148）
　　一　科技人员自主创新创业 …………………………（149）
　　二　技术发明家成长起来的科技型
　　　　企业家 ……………………………………………（152）
　　三　由乡镇企业家转型而来的科技型
　　　　企业家 ……………………………………………（155）
　　四　由大学生和海归创业成长起来的科技型
　　　　企业家 ……………………………………………（158）

第五章　化物弘人的创新文化 …………………（162）
第一节　人文导向 ……………………………（162）
第二节　科技驱动 ……………………………（168）
第三节　引领时尚 ……………………………（173）
　　一　增强北京人文景观的文化韵味…………（174）
　　二　造就北京地标建筑的独特魅力…………（175）
　　三　丰富北京社区住宅的艺术气息…………（177）
　　四　流露北京交通设施的审美情趣…………（178）
　　五　创新营造北京城市空间的灵动生气……（179）
第四节　环境营造 ……………………………（180）
　　一　向"天人合一"的自然环境取经…………（181）
　　二　"首都蓝天行动"见证创新活力…………（184）
　　三　营造人才争相而来的创新环境…………（187）
第五节　幸福共享 ……………………………（191）
　　一　"红星奖"中透视的创新变化……………（191）
　　二　创新便利市民日常生活…………………（193）
　　三　创新智慧社区建设常态化………………（194）

第六章　首都创新文化的蓬勃兴起 ……………（197）
第一节　以创新理念引领发展 ………………（198）
　　一　把创新放在首都发展全局的核心
　　　　位置………………………………………（198）
　　二　让创新精神真正成为北京的区域
　　　　精神………………………………………（200）
　　三　让创新文化内化为北京发展的驱

动力 …………………………………………（202）
第二节　以创新制度支撑发展 ……………………（204）
　　一　当好国家先行先试改革的排头兵 ………（204）
　　二　打造京津冀区域协同创新共同体 ………（206）
　　三　做好市级基层创新改革的探路者 ………（208）
　　四　争做汇集全球创新人才的蓄水池 ………（209）
第三节　以创新环境保护发展 ……………………（210）
　　一　营造人人参与的创新环境 ………………（211）
　　二　营造惠民创新科普环境 …………………（215）
　　三　营造尊重知识产权的创新环境 …………（217）
　　四　营造适合创新文化培育的舆论环境 ……（219）
第四节　以创新成果促进发展 ……………………（220）
　　一　推动创新成果促进首都生态环境
　　　　发展 ………………………………………（221）
　　二　推动创新成果促进首都"高精尖"
　　　　产业发展 …………………………………（222）
　　三　推动创新成果促进城市治理水平全面
　　　　发展 ………………………………………（226）
　　四　推动创新成果促进首都社会和谐
　　　　发展 ………………………………………（228）

第一章 首都创新文化的生成

2017年8月18日,北京市召开推进全国文化中心建设领导小组第一次会议。市委书记、市推进全国文化中心建设领导小组组长蔡奇强调,建设全国文化中心,要集中做好首都文化这篇大文章,首都文化是我们这座城市的魂,主要包括源远流长的古都文化、丰富厚重的红色文化、特色鲜明的京味文化和蓬勃兴起的创新文化这四个方面。创新文化是首都文化的重要组成部分之一,要把首都文化优势转化为首都发展优势,创新文化必不可少。

创新是民族进步的灵魂,是国家兴旺发达的不竭动力,是时代精神的核心。北京发展的历史,事实上就是一部创新史。从先秦燕昭王筑黄金台招揽人才,到21世纪中关村科技园聚变腾飞;从编撰《授时历》的郭守敬,到"近代工程之父"詹天佑;从明代徐光启的《几何原本》《农政全书》,到当代华罗庚先生的解析数论、矩阵几何;从自然与人文交相辉映的历史景观,到科技与文化体育融为一体的奥运盛会……创新已经融入首都文化的血脉，成为北京的文化基因，化成内在的精神追求。

北京创新文化根植于首都文化包容天下、领袖天下的传统，以创新理念引领发展，以创新制度支撑发展，以创新环境保障发展，以创新成果促进发展，北京已经形成了比较完善的创新生态系统，一切激发、喷涌的创新文化已成为首都文化的重要内容和突出特征。首都蓬勃兴起的创新文化是北京人民大胆探索、勇于创造、自强不息、锐意进取的精神体现，表现为敢于开拓、宽容失败的创新氛围，各得其所、人人出彩的创新机会，要素齐全、人才密集的创新优势，科技与人文深度结合的创新特色。立足国内和当下，放眼世界和未来，以科技创新为带动，以文化引领为先导，以民族复兴为己任，创新文化必将不断为首都文化开创更新的境界。

第一节 创新文化的概念和特征

一 创新文化的概念

一般认为，创新文化是指在一定社会历史条件下，在创新及创新管理活动中所形成的文化，主要包括有关创新的价值观、制度规范、物质文化环境等。有学者认为创新文化使可支配资源和力量得以有效组合的理想、价值观和信念，需要借助其表现形式才能把握。政府政策法规、民众习惯行为，以及资源与力量组合方式和组合效果等表现形式，共同构成了创新文化系统，并为环境变化和人的需要的变化所推动①。国外有学者认为创新文化是一种培育创新的文化，它能够唤起一种不可估计的能量、热情、主动性和责任感，来帮助组织达到一个非常高的目标②。另有学者将创新文化类比为生物学DNA，是组织内部最为关键的精神密码，涵盖对组织内创新行为的奖励和对创新冒险尝试的激励，表现形式包括创新价值观、创新信念和创新意愿等③。创新文化具有自组织性和开放性，是一个知识创造和利用的复杂适应系统。基于复杂适应系统视角，可以将创新文化特征分为冒险开拓、创新氛围、交流共享、决策参与四类④。

除了提出创新文化的概念外，目前对创新文化的认知较为宽泛，对创新文化的研究可以划分为三大维度：第一，哲学层面上基于张岱年先生提出的综合创新文化观辨析，探讨其对中国文化和哲学的发展有着深远的影响。反对以调和为主的中西体用论、保守主义的国粹论

---

① 王平聚、曾国屏：《创新文化系统分析的一个理论框架》，《自然辩证法研究》2015年第1期，第65—69页。

② Frohman A. L. "Managers at Work: Building a Culture for Innovation", Research - Technology Management, Vol. 41, No. 2 (April 1998), pp. 9 - 12.

③ Curley M. and Salmelin B., *Openness to Innovation and Innovation Culture: Open Innovation* Springer, Cham, 2018, pp. 129 - 142.

④ 高波、余素霞：《多主体建模下四类创新文化特征对创新的影响》，《科技进步与对策》2017年第19期，第82—86页。

以及自由主义的全盘西化论,独树一帜地提出只有综合创新才是中国哲学和文化发展的唯一出路①。综合创新文化观引起了众多学者的探讨,但其核心在于"综合"而非"创新文化"。

第二,国家尺度创新文化的研究,即所谓"国家创新文化"。在全球化竞争背景下,其竞争的本质是创新文化的竞争,通过文化创新实现文化繁荣,进而带动经济、政治和社会的进步,因此对任何社会发展而言,创新文化都具有无可比拟的首要价值和终极意义②。有学者对不同国家创新文化特点做了总结。如日本创新文化的典型特点是:善于团队合作与交流、善于有组织地学习和持续改善、民众有创新型的消费倾向等;美国创新文化的突出特点是"try"(尝试)文化、宽容失败的文化、诚信文化及其体系等;欧洲方面意大利是"柔性生产综合体"、德国是"思想的大工厂"、法国是"跨地域的步伐"和英国"服务于全过程"③。从国家尺度上,对中国创新文化的探讨颇多。中国现有科技创新体制改革离不开对中国创新文化这一根本问题的系统思考。文化

---

① 张岱年:《综合创新文化观的运用》,《光明日报》2003年4月22日,第7版。

② 俞亢六:《关于创新文化建设的几点思考》,《科学与管理》2013年第1期,第13—17页。

③ 吴金希:《创新文化:国际比较与启示意义》,《清华大学学报(哲学社会科学版)》2012年第5期,第151—158页。

对整个社会创新理念的凝练、创新习惯的养成、创新制度的完善、创新能力的提高起着关键性的作用。具象来看，中国的创新文化有体现爱国奉献的"两弹一星"精神等优秀文化。但是，仍然或多或少存在"官本位"文化、过分迷信权威的习惯、一元化的评价标准、小生产者意识以及诚信文化的缺失等不足，这些都阻碍了中国创新文化的形成。有学者更是提出中国创新文化短板成因模型，包含先天传承、后天裂变和两者兼有的三类短板，只有找到其破解之道，才是开展国家创新文化体系建设的有效途径[①]。

第三，组织尺度创新文化的研究，尤以企业创新文化为代表。企业创新文化源于20世纪80年代企业文化的研究，是社会文化与组织在特定经济背景下形成的产物。时代变迁使得企业文化不再是一个简单的概念或理论，而是深深融入企业变革、发展和管理实践之中，且关系到企业的兴衰成败[②]。在供给侧改革的驱动下，中国情境下的企业越来越需要通过文化创新获取竞争优势。例如，格力的"智能供给"，方太的"创新科技打造健康厨房"等通过文化创新，促使企业实现竞争优势的获取，并形成企业供给侧与需求侧平衡。创新文化是一个

---

① 高锡荣、吴少飞、柯俊：《中国创新文化之短板现象成因分析》，《中国科技论坛》2017年第7期，第97—104页。

② 赵曙明、裴宇晶：《企业文化研究脉络梳理与趋势展望》，《外国经济与管理》2011年第10期，第1—8页。

组织对待创新的意愿和开放程度，是企业文化在创新方面的体现[①]。在供给侧改革驱动下，中国情境下的企业越来越需要通过文化创新获取竞争优势[②]。在科技飞速发展的背景下，最新的研究越来越多探讨技术对创新文化的影响，典型的研究包括不同程度模块化设计和流程自动化对企业创新文化的积极影响[③]。IT（信息技术）治理对企业创新文化也有一定的调节作用[④]。当然，大学作为重要的创新载体，也不乏对大学创新文化的研究。大学创新文化被视为培养创新人才的沃土，在创新人才培养中发挥着根本性、关键性和基础性作用[⑤]。

二 创新文化的特征

在探讨创新文化的特征之前，需要就"创新文化"与"文化创新"进行内涵上的辨析。"创新文化"是指以

---

① 胡赛全、詹正茂、钱悦等：《企业创新文化、战略能力对创业导向的影响研究》，《科研管理》2014年第10期，第107—113页。
② 同上。
③ 方爱华、卢佳骏：《大规模定制条件下创新文化研究新视角——模块化设计及流程自动化的二次影响》，《科学学与科学技术管理》2017年第4期，第117—125页。
④ 顾美玲、毕新华：《企业创新文化对IT-业务融合的影响机制研究——来自东北地区的实证》，《科技进步与对策》2017年第15期，第94—100页。
⑤ 王兵：《大学创新文化视野中的人才培养体制改革》，《南京师大学报（社会科学版）》2011年第2期，第9—15页。

创新为内核的文化体系,"文化创新"是指对文化本身的创新;"创新文化"是一切创新活动的整体文化氛围,"文化创新"是局部或由局部到整体的文化创新活动过程;"文化创新"与"理论创新"、"制度创新"、"管理创新"、"科技创新"等概念属于同一范畴,是创新活动的具体领域,"创新文化"则是贯穿于各个领域、方面创新活动之中的文化底蕴、精神内涵。社会中任何成员的任何活动都无法超越文化的影响和制约,具体的创新活动行为(包括文化创新行为)也同样不能超越创新文化的影响和制约[①]。可以说创新文化影响社会生活方方面面,是一以贯之的整体文化氛围和区域文化精神。以下结合现有相关领域的探讨,对创新文化的特征进行梳理。

1. 系统性

创新文化的系统性需要从文化的定义说起。从广义上讲,文化是人类社会历史发展过程所创造的物质财富和精神财富的总和;从狭义上讲,文化特指精神财富,如文学、艺术等。美国学者泰勒认为,"所谓文化,就其广泛的民族学意义上来说,是知识、信仰、艺术、道德、法律、风俗及任何人作为社会成员而获得的所有能力和习惯的复合体"。研究国家创新文化的名著《文化与技术创新》认为,"文化是一个体系,包括群体共同

---

① 王瑛:《论创新文化特征》,《东南大学学报(哲学社会科学版)》2004年第5期,第10—14页。

拥有的规范、行为、表达方式和价值观,以及这个群体共同创造的、能显示其文化特色的建筑物、城市、艺术品、制度和法律等"①。从上述各种论述可以看出,在本质上,文化是人类社会中特定范围内的群体成员所共享的、能够将一个群体成员与其他群体成员区分开来的一整套价值观、信念和社会行为准则。文化反映了这个群体的习惯、性格、气质和传统,并通过这个群体的行为模式、制度体系等表现出来。因此,创新文化作为文化的重要构成形态,在静态上创新文化是驱动创新行为的文化要素集合,在动态上创新文化是一个释放创新动力的文化改革过程。创新文化的系统性集中表现在愿意超越现存智慧,能够把来自不同方向的思想联结起来,并愿意视变化为机会,并把它们看作一个系统,并与更大的系统相连。创新文化系统一旦被分割,就会产生所谓的"创新窒息",它让创新文化的每一部分要素都彼此孤立,狭隘地看问题,而不考虑问题的背景及它们与其他问题的联系。因此系统性是创新文化的首要特征。

2. 稳定性

创新文化之所以有研究的意义,还在于它的相对稳定性。这里根据唐纳德·沃斯特(Donald Worster)关于环境史的三层次分析模式对区域文化进行分析。他的分析

---

① 韦文英、戴俊骋:《论区域性格的概念——区域性格研究系列论文之一》,《广西社会科学》2010年第7期,第123—126页。

模式可以简单阐释为："第一，对自然本身的理解，认为在各个历史时期自然是充满生机并发挥作用的；第二，引入社会经济领域，因为它与环境是相互作用的，并着重关注的是工具和劳动、从劳动过程中产生的社会关系以及人们所设计的从自然资源中获取产品的各种方式；第三，独特的人类经历的象征——纯粹的精神或思想层面，其中，感知、伦理、法律、神话和其他意识结构成为个人或组织与自然对话的组成部分"[1]。其中物质文化属于最外层，制度文化次之，精神文化属于最内层。价值观、理性、传统等精神因素属于创新文化的内核，大多具有相对稳定的特征。创新文化正是属于第三层"独特的人类经历的象征"，具有稳定性。这种稳定性，为影响区域内主体的创新带来了可能，在长期的区域经济、社会、文化等众多要素作用下，创新文化在区域内完成了积淀。一旦创新文化形成后，就稳定性十足，它能够生命力极强地世代遗传，直至完全另类的经济社会活动到来并引致新制度的建立、新习俗的生成，既成的创新文化才由量到质、由部分到整体、由浅表到根本地循序渐进地改变。可以说正是这种稳定性造就了随即我们将谈到的创新文化的传承性，从这一层面来说，创新文化的稳定性是传承性的前提条件。

---

[1] Donald Worster, "Doing Environmental History," in D. Worster (ed.), *The Ends of the Earth: Perspectives on Modern Environmental History*, Cambridge: Cambridge University Press, pp. 290-291, 292-293.

3. 传承性

为了保持创新文化的稳定性，需要将创新文化中最为核心和稳定的东西进行传承。这种传承很大程度上可以看作一种发展特性，是对创新文化本质的保护和对优良品质的吸收过程。这种创新文化的传承性表现为不同历史时段的交错累加，正如多琳·梅西（Doreen Massey）提到的如同地层一样层层叠加的"文化层"，最后累积成现在区域的创新文化[1]。通过创新文化的传承及其与区域的互动，使得各个区域之间因此增添了可以用来相互区分的文化标志。可以说，传承性使得创新文化的存在充满了意义。例如欧洲主要创新国家意大利、德国、法国和英国的创新文化各自具有的鲜明个性，即意大利"柔性生产综合体"、德国"思想的大工厂"、法国"跨地域的步伐"和英国"服务于全过程"都是在创新传承中逐渐形成的。创新文化的传承性意义还在于让区域内参与的主体相信并认同创新的重要性。从区域的管理者至普通的市民随着创新文化的传承，都会逐步习成这样的文化理念：创新是有价值的，创新文化对区域、企业、个体的成功都是必不可少的。个体也会认为创新会让自己更容易获得成功，而那些把经常创新作为一个重要乃至首要的组织战略要素来对待的企业更容易创新

---

[1] Doreen Massey, *Spatial Divisions of Labour: Social Structures and the Geography of Production*, London: Macmillan, 1984, p.35.

成功。对于区域而言，拥有越来越多的创新型企业，这个区域也就越有活力。实践中，创新文化的传承正是通过自上而下和自下而上的双向传导而层层体现的。

4. 交互性

创新文化的交互性主要表现在两个方面：一是区域自身与本土创新文化之间的相互作用，形成典型的区域创新文化。区域本身在变化，区域内部某种创新文化特质也随之变化、沉淀，并反过来对区域产生影响。这是两种不同力量之间的胶着状态，仿佛达尔文的"自然选择说"和拉马克的"用进废退说"之间的持久较量。但是无论如何，创新文化之所以具有重要意义，也表现在如何更好地利用它去因势利导地改变区域，促进区域的发展，进而塑造更好的区域创新氛围，这是两者之间的相互作用，较之于单向性作用的最大区别。如同《半岛性格》中描述的以日本为首的典型岛国，既有固守一隅的保守，又对大陆世界充满好奇的创新开拓欲望，并随着岛国与大陆世界之间的交流而交互塑造。二是区域间的创新活动交流对创新文化的塑造。特别是随着物质文化生活的不断提高，以互联网为代表的各种新兴媒介手段的不断增强，人们方便地汲取到各种信息，便于人们在已有创新文化的基础上不断接纳和吸收不同的创新文化，在这个渐变过程中，就体现出创新文化的交互性。从微观层面，创新文化表现出对区域主体的交互激励，为了创新成功，不同的企业、人才都显示出对表达和交流思想及共享知识的热切渴望。因为知识是随着使用而增加的唯一资产，而交流能创造有利于新思想生存的内部环境，进而使得创新文化的价值得到强化。

5. 导向性

文化具有重要的导向性。文化既然是群体长期形成的共同遵守的行为准则、共同信仰的价值观，它必然具有一定的约束性和导向性，它是群体中人们判断是非、区分优劣的标准，符合文化传统的行为往往在现实社会中得到鼓励，而有悖于传统文化的行为则往往受到排斥甚至禁止。没有文化作为基础，再健全的制度也会失效，没有创新文化作为土壤和根基，创新型国家的大树不可能结出累累硕果。人类社会的一切创新活动都是深深根植于浓厚的创新文化氛围之中的。反过来说，在创新的各种要素中，文化是各层次创新体系的灵魂，具有最终的影响力和决定力。创新文化总是影响组织成员是否愿意，以及在什么时候、以什么方式、在何种程度上进行创新。有什么样的文化，就会有什么样的创新方式，也必然会产生相应的创新结果。短期内，决定一个组织创新能力的是包含人力资源在内的科技资源的投入，而长期看，创新能力的提高则有赖于包含制度建设在内的优良创新文化的形成。所以说，文化是提高社会和组织创新能力的关键[①]。

[①] 吴金希：《创新文化：国际比较与启示意义》，《清华大学学报（哲学社会科学版）》2012年第5期，第151—158页。

第二节 创新文化的动力

要研究创新文化的动力,可以针对全球科技创新中心进行研究。纵观全球科技创新中心,主要包括两种类型:一类是由综合实力较强的国际大都市转型而来,如旧金山、纽约、伦敦、东京等以贸易、航运、金融中心为特征的国际大都市随着产业转移,竞争加剧,转型为创新中心城市。另一类是依托大学、研究机构和创新创业企业组成的创新集群,依靠营造良好的创业生态,集聚各种创新要素,成长为创新城市,如美国的硅谷、以色列的特拉维夫等。

分析这些城市创新文化的动力生成可归纳为三个层次八种要素。第一层次是人才层次,人才是最高层次的要素,它渗透到其他各个要素之中,是全球科技创新中心形成的核心要素;第二层次是主体层次,包括大学、企业和政府三个要素,全球科技创新中心的形成需要若干世界一流大学的支撑,需要一批创新"引擎"企业的引领,需要一个奋发有为的政府推动;第三层次是支撑层次的环境要素,包括许多方面,其中四个最主要的要素是创新文化、创新资本、创新基础设施和专业服务。包容、开放的创新文化与科技创新活动是"鱼水关系";健全的风险资本市场是全球科技创新中心形成的重要标志之一;创新基础设施不仅为科技创新活动提供必要的物质条件，而且还能通过人才汇聚效应推动全球科技创新中心的形成和发展。在此基础上，我们可以将全球创新中心动力生成机制总结成为市场主导动力模式、政府引导动力模式、双轮驱动动力模式、生态营造动力模式。

一　市场主导动力模式

以纽约和伦敦为代表的西方发达国家创新文化的生成为代表，其强化创新文化是一种由市场主导的"自然发育模式"。以纽约市为例，纽约位于美国东海岸，濒临大西洋，是美国第一大都市，是美国经济、金融、贸易中心。在美国国家创新体系中，联邦政府推行的是弱干预政策。美国各届政府奉行自由主义的立场，认为科技创新的方向及应该投入多少资本、人力应该是由市场决定的，为了克服市场本身局限性，联邦政府制定了有利于推动科技创新的政策和法律，为创新文化的培养提供一个良好的创新环境。可以说纽约创新文化的生成动力源于其拥有大量的创新人才、丰富的资金来源，同时市场机制在创新资源的配置中发挥了重要作用。再以伦敦为例，它位于英格兰东南部的平原上，跨泰晤士河，是英国的经济、政治、金融、文化中心。伦敦创新文化的生成动力是因为其具有强大的、成功的创新实力研究，高度开放的人文环境，规范有效的科技创新体系。伦敦实行自由的经济金融政策，营造开放包容的国际化人文环境，促使伦敦始终保持创新活力。

二 政府引导动力模式

创新文化的生成需要市场，但在很多相对落后却具有后发优势潜力的城市，政府引导为主导生成动力。班加罗尔是印度南部卡纳塔克邦的首府，都市区人口约650万人，面积约174.7平方公里，是印度的第五大都会和南部经济文化中心之一。在印度政府和卡纳塔克邦地方政府的大力支持下，班加罗尔聚集了一大批全球顶尖资质软件公司，包括微软、甲骨文、西门子、索尼、飞利浦、思科和苹果等众多全球顶级信息产业巨头，形成了以企业为创新主体的科技创新体系，软件出口占了整个印度的一半，成为印度的软件之都。班加罗尔创新文化的生成动力主要是印度政府和班加罗尔政府制定了适合本国本地的软件产业发展战略。特别是印度政府对软件产业的扶持政策和科学的人才战略政策。如在人才培养方面，印度政府根据软件行业各层次人才需求数量，形成层次合理的软件人才队伍。在人才吸引方面，出台双重国籍政策，吸引海外印度人才回国，促进软件业发展。在政府的支持和引导下，班加罗尔汇聚了大量的创新人才和创新资本，集聚了大量研发创新企业。

三 双轮驱动动力模式

上世纪末，有学者认为当时成功的"东亚模式"是由于东亚集体主义的价值观和好学的创新文化所决定的，并由此产生了一种集体学习的机制,从而在"东亚奇迹"中起到了关键性的作用。正如威廉姆斯·狄百瑞(William Theodore De Bary)所写道:"与亚洲、非洲和南美洲其他地方发展的缓慢步伐相对比,这些国家在迅速现代化方面戏剧性的成功……受惠于新儒学所培养的那种爱好学习、献身教育、社会纪律和个人修养。……在人民中间为儒家价值所长期感染的这种根深蒂固的热爱学习,仍然被证明是连续不断的活力和适应性的一个源泉。……现代化令人应接不暇的进步——社会的、文化的以及商业的和工业的——都强烈地有着教育尤其是高等教育的迅速兴起和传播的支持的。……这场学问爆炸的最惊人的增长就是私人高等教育在日本、韩国和中国台湾之令人眼花缭乱的增长。民间自发的需求,已经远远超过了公立机构的能力。而这种越来越大的教育需求,凡是仔细观察的人们都日益把它们归功于儒家的影响"①。我们知道,创新体系越来越强调学习型社会对知识经济发展的直观重要性,集体学习机制将是东亚模式未来创新的基础②。这种学习机制也会在东亚"敏而好学"的创新文化中得到升华。

日本作为东亚创新文化和西方创新文化交融的重要代表,可以视为市场机制和政府引导结合较好,双轮驱

---

① [美]狄百瑞:《东亚文明——五个阶段的对话》,何兆武、何冰译,江苏人民出版社1996年版,第112—114页。

② 贾根良、梁正等著:《东亚模式的新格局:创新、制度多样性与东亚经济的演化》,山西人民出版社2002年版,第365页。

动创新文化生成的模式代表。东京位于日本本州岛关东平原南端，总面积2187平方公里，是国际重要的金融、经济和科技中心之一。日本从1970年代就提出了"技术立国"的政策，大力支持本国的科技创新研发，同时大量引进国外先进技术，走"引进—消化—吸收—创新"的技术进步之路。21世纪，日本政府提出了支持科技创新的发展战略，主要是继续加大科技创新投入，重视基础研发，争取创造领先世界的科技成果。作为日本首都东京创新文化的生成动力同样在于东京政府的支持和引导，政府通过制定科技创新计划、扶持新兴产业发展，提供支持创新的外部环境，完善创新基础设施，为东京营造良好的科技创新环境。在政府的支持和引导下，东京拥有充沛的科技创新资源、强大的研发能力、良好的科技创新环境、高端的科技创新服务、丰富的科技创新成果。日本政府通过综合运用各种财政、金融、税收等手段，促进企业技术创新。

四 生态营造动力模式

对于非纽约、伦敦、东京等各国首都城市，一些中小城市创新文化的生成动力来源于创新生态环境的营造。硅谷位于加利福尼亚州北部、旧金山以南，总面积约3800平方公里，是美国重要的电子工业基地，也是世界知名的电子工业集中地。硅谷早期以硅芯片的设计与制造著称，目前已是美国高科技的圣地。硅谷集聚着上千家高科技公司和100万以上美国各地和世界各国的科技人员。硅谷的创新文化环境是由得天独厚的人才优势、发达的资本市场、以科技为先导的创新机制和众多科技创新企业组成。硅谷景色优美，气候宜人，属于温带海洋性气候，吸引了大量高素质人才留在硅谷创业。

特拉维夫是以色列第二大城市，位于以色列西海岸，市区面积约51.76平方公里，人口大约为40万人，不到以色列总人口的1/20，是以色列的金融、科技、经济中心。被誉为"欧洲创新领导者"和"仅次于硅谷的创业圣地"。特拉维夫的创新生态系统包含了全球领先的高科技企业和跨国研发中心，世界一流的人才，一流的程序员和工程师，以及一群经验丰富的企业家和投资者，拥有顶尖的技术人才和世界上最高的人均风险资本投资。特拉维夫创新文化的生成动力可以概括为以鼓励创业推动企业自主创新，定位于全球科技创新市场的需求，专注于创新产品的设计，从而吸引全球跨国公司研发部门的加入，形成良性的城市科技创新循环。

第三节 创新文化的动能

创新文化是创新风气和创新思维渗透到包括文化在内的经济社会发展各个领域，并凝练形成的一种文化形态，是一种全民族的创新氛围、创新意识。创新是北京发展的持久驱动力，创新文化为首都创新活动、经济发展和城市治理以及其他方面都插上腾飞的翅膀。

一 创新文化之于创新活动的动能

创新文化是自主创新活动的文化支撑、理念先导,对创新活动发挥着导向、激励、凝聚、服务、造势、约束等影响作用。由此有学者认为创新文化对创新活动具有导向功能、激励功能、凝聚功能、服务功能、"造势"功能和约束功能①。

创新文化从精神层面上为创新活动提供动力。创新文化的精神层面是一种意识形态,与创新理念息息相关。由价值观、世界观、人生观以及科学精神等要素组成。价值理念作为文化创新领域的内在推动力,发挥着先导性作用,这种创新意识逐渐影响改变着集体与个人的意识。颇具代表的如以身许国、敢为人先的原子能精神,不断促进一代又一代的中国人民朝着与时俱进、积极向上的方向发展。

创新文化从制度层面上为创新活动提供保障。创新文化的制度层面是指人们为了满足各种创新活动需要而出台的制度体系。这种制度体系是栽培创新文化的硬性手段,它让各项创新建设都有章可循、有法可依,避免了建设过程中可能出现的盲目性和随意性。创新活动呼唤开放、合

---

① 闫伟华:《关于科研单位创新文化建设的思考》,《管理观察》2013年第35期,第163页。

作、互补、共生的创新机制，创新机制需要一个适应时代要求的体制支撑，唯有对原有体制去其糟粕，体制革新确立起一系列有助于自主创新、有利于培育创新文化的政策环境，才能有助于创新活动的顺利开展。

创新文化从物质层面上为创新活动创造条件。创新文化的物质层面是指适宜的工作环境、科学的形象设计、主题鲜明的活动等。任何创新活动都离不开一定的创新性环境。有人列出这样的公式：创造性成果＝创造性人才＋创新性环境。只有改善工作环境，确立富有创新内涵的形象标识，营造轻松自由的工作氛围，才能激发工作在其中的人的创新热情，更好地开展创新工作。而对于一个城市而言，包括科学技术馆、科普基地等基础设施则如同一个个创新 DNA 嵌入在城市本底上，发挥着创新孵化的效果。

二 创新文化之于经济发展的动能

经济发展是个令人向往的目标，但如何实现经济的持续、健康、快速发展是世界各国面临的共同课题。经济学家，从亚当·斯密（Adam Smith）以来，包括熊彼特（Joseph Schumpeter）、刘易斯（William Lewis）、罗斯托（Walt Rostow）、拉尼斯（Gustav Ranis）、舒尔茨（Theodore Schultz）等，对人类经济发展之谜做出了深入的探索，提出了诸多富有启发的解释模型及理论。但正像经济活动不纯粹是经济的活动一样，经济发展的原因

图 1—1　中国科学技术馆（作者摄）

也不能仅仅从经济内部去寻找。保罗·萨缪尔森（Paul Samuelson）把民族传统和文化潮流视为一种制约世界经济的因素，认为全球各地的经济市场都与各地在历史、社会结构、心理、宗教和政治状况方面的独特性相适应；戴维·兰德斯（David Landes）曾经说过，如果我们从经济发展史中学到了什么，那就是"文化使局面几乎完全不一样"。但是文化的涵盖面太广，这里选择从创新文化作为突破口，探讨其与经济发展之间的关系。

其实创新文化与经济发展之间的关系，经济学巨擘们均有所论述①。只是这些论述大都散落在一些文章中或是旁敲侧击,这里笔者予以拾遗。例如,最早亚当·斯密所言的"经济人"实际上是当时"市民阶级"这一时代新人的"化身"。这些新的市民阶级相互结合,他们往往要求自由行动,实现其"利己心"。因此,他们遵守社会正义的一般规律,具有勤勉、节约、慎重、机敏、质朴、用心周到等特征。亚当·斯密指出,任何市场经济只有在共享的道德观,即信守契约、履行支付承诺、尊重市场伙伴的基础上才能正常运行。特定的创新文化品质成为市场扩展和经济进步必不可少的条件②。到了19世纪末20世纪初,马克斯·韦伯(Max Weber)在对东西方诸宗教的比较研究中,提出新教精神是推动现代资本主义形成的主要精神支柱③。到了以哈耶克(Friedrich Hayek)和诺斯(Douglass North)为代表的新制度经济学派时期,更是认为制度和意识形态共同决定了经济绩效,其中这种意识形态在诺斯看来是一种"主观模型",在一定程度上可以表现为创新文化,是影响经济绩效的个人选择的关键,个人如何看待游戏规则的

---

① 何频:《论区域经济发展中的文化生产力》,博士论文,四川大学,2007年,第17—21页。

② [英]亚当·斯密:《国民财富的性质和原因的研究》(下册),郭大力、王亚南译,商务印书馆1974年版。

③ [德]马克斯·韦伯:《新教伦理与资本主义精神》,黄晓京、彭强译,四川人民出版社1987年版。

公平与公正明显会直接影响绩效①。

具体而言,创新文化使得主体性要素能够真正实现本地化。无论区域内企业也好,区域人也好,能够真正产生并形成在区域开放时期的创新型区域。执政者通过对创新文化的引导、规制,使得在地域空间上接近的主体性要素可以频繁、面对面地交流与合作,加之要素流动的双向特征,创新文化使得交流的主体之间,既保持本体性,又能够相互作用、相互影响,实现战略利益和资源能力上的共享和优势互补,使区域形成的整体活力和能力大大超过若干个主体要素的个体活动所带来的效果之和,从而产生区域间各个主体的协同作用。可以说,创新文化为主体间的交流提供了一个良好框架。

创新文化在资源性要素方面对创新型区域的构建表现在社会资本上。执政者需要借助在区域开放背景下长期交往积累的社会资本,以此奠定发展的共同语言、操作模式、价值观以及由此形成的相对稳定的社会网络,有效减少主体交流合作的摩擦,促进协作效应的产生,同时也能有效地扩散和传播隐含经验性的知识,推动人力资本和知识资本的社会化,加快创新速度,促进区域创新活动的开展。而且一个区域积累的社会资本越丰富,越是反映出区域各发展要素关系

---

① 道格拉斯·C. 诺思:《制度、意识形态和经济绩效》,[美]詹姆斯·A. 道等编:《发展经济学的革命》,黄祖辉、蒋文华主译,上海三联书店、上海人民出版社 2000 年版。

的密切，以及交流与共享的频繁，从而能有效增强创新型区域的稳定性和持续性。例如，以温州为代表的浙商模式，依据其积累的社会资本建立起的独特的社会关系网络，为技术的创新与扩散提供了传输通道，传输主要是沿着血缘、亲缘、地缘和业缘关系的路径展开，这种关系构架使得网络的稳定性和持续性明显增强。执政者或相关管理部门的管理者只有试图去理解这样的创新文化框架，才能更有效地去促进社会资本规模的扩大，使得在区域开放时期，将一般的交流合作真正转化为区域社会资源。

执政者对创新文化的引导有助于促进创新型区域系统效应的本地化。在区域开放的背景下，利用区域特色网络运行所产生的一系列效应能对本区域的社会经济发展产生重大推动作用，其中尤其是鼓励勇于创新的创新文化，能够在创新型区域运行过程中产生学习效应，推动知识、技术创新的不断提高。例如当区域内某一领先企业掌握了新观念、新技术或新产品时，在区域开放竞争加剧的背景下，后进的企业就会模仿，先进企业为了保住竞争优势必须倍加努力，这样，在整个网络中就形成了"追赶效应"和波特提出的"拉拔效应"，而这种"争先恐后"的区域创新文化，需要执政者在创新文化形成过程中加以引导。优秀的创新文化，是创新型区域产生的集聚效应能够吸引更多的创新资源进入本区域的前提。一个区域能够吸引更多的人才，除了有丰厚的报酬外,更主要的是人才对地方创新文化的认同,人才对地区特色网络的认同,这样便能够使得区域获取它所需要的优秀人才资源。创新文化也有助于地方特色网络的构建,在区域开放背景下,产生"产业根植和异构效应",加快区域创新扩散,从企业创新扩散到产业创新,从单个产业创新扩散到产业集群创新,从而推动整个区域产业结构优化,促进本区域特色经济的形成。反之,如果一个创新型区域的运行不能培育和加强区域积极创新文化,就会大大降低竞争的有效性和协作的可能性,导致本区域的产业发展可能严重依赖于外来发展要素。

三 创新文化之于城市治理的动能

城市治理正在从"学习型区域"向"创新型区域"升级。可以说,当今判断一个区域是否具有发展活力,区域管理者是否卓有水平,评判的标准,为这个区域是否是创新型区域。美国的硅谷、日本筑波科学城、韩国大德科技园都是其中的代表,而北京中关村国家自主创新示范区则是国内创新型区域的翘楚。

从创新文化角度来进行探讨,学习型区域是使很多知识和思想在这里集聚,同时它也为知识、思想等的流动提供了一个基础环境。我们很容易发现在这样一个环境下人们在无意识当中就学到了一些不可编码的知识,从而掌握了一种本领,但是一种无意识的学习,并不是自己有意识地、主动地学习,不具有一定的能动性去促使行为主体进行创新①。换句话说这个区域已经具有学习的氛围，但是真正的驱动力还未形成。创新型区域，在于学习的主动意识，有着对知识的比较选择和良性进化的特征。

从创新文化动力论角度看，创新型区域是在创新文化的自发动能作用下，执政者加以引导，使得区域的趋势定向功能发挥了重要作用。所以，学习型区域向创新型区域的转变归根到底是区域氛围的改变，人们的创新文化也在潜移默化地改变，人们更加有意识地创新。这里区域氛围包括文化氛围、制度氛围、市场氛围等。而对创新认识的提高和影响比较大的是文化氛围和制度氛围。在这里氛围的改变关键在于政府、高校和企业的有效互动，经常的正式或非正式的交流，改变现有的不合理制度，制定有效促进企业创新的激励措施，进而改变一些观念，对主动创新有一个比较积极的认识，经过一定时间的积累无论从思想上或者对创新的认识上区域内的企业或个人都将有所改变。

对于区域管理者来说，在区域开放的大背景下，创新文化的重要意义和重要作用，使得管理者们可以培育这样一种创新型区域，以对抗开放的全球化背景下，各区域日渐趋向"均质"、正逐步呈现为丧失地方特性的现状。

---

① 苗瑞洲：《产业集群：从学习型区域到创新型区域》，硕士学位论文，河南大学，2011年，第26—27页。

第四节　国内外创新文化实践

一　世界代表国家创新文化实践

1. 美国创新文化实践特征

美国是典型的创新型国家。把清华大学吴金希先生的研究加以概括，美国创新文化具有如下鲜明的特点[①]。

第一，创新、创业和 try 文化。美国作为一个年轻的移民国家，与传统的老牌欧洲大陆国家相比，较少受到传统社会关系和社会结构的影响。从当年的清教徒，到后来一代又一代的不同国家和种族的移民，他们怀揣着"美国梦"来到这片丰饶的土地上，渴望自我实现，推崇个人奋斗。万事希望试一试，亦即"try"的文化，成功与否是次要的，关键要敢想、敢试。这种敢闯敢试的移民文化是美国文化最典型的特征。当代最富有传奇色彩的英特尔公司前总裁安迪·葛洛夫（Andy Grove）就是一个典型代表，他原本是匈牙利籍犹太人，二战期间，只有十几岁的葛洛夫为躲避战乱千辛万苦来到美国，在纽约的一所普通大学完成了自己的学业，靠自己的艰苦努力和犹太人血液中流淌的天生的商业细胞，葛洛夫最终成为美国最伟大的 CEO 之一。在 20 世纪八九十年代，

[①] 吴金希：《创新文化：国际比较与启示意义》，《清华大学学报（哲学社会科学版）》2012 年第 5 期，第 151—158 页。

他带领英特尔公司取得空前成功，几乎成为 CPU 行业的垄断者。葛洛夫现象绝不是个例，据报道，现在越来越多的外国人担任美国大企业的高层管理人员，美国企业 100 强中，有 15% 的 CEO 原本生于国外，但他们通过个人努力获得了社会的认可。由于崇尚个人奋斗的理念使得个人对组织的忠诚度比较低，企业中人员流动率相对比较高，这使得美国企业在管理中重视专业化，并尽可能明确岗位职责，讲究人职匹配。这一方面有利于人才找到最适合发挥自己特长的岗位，使得整个社会人力资本发挥效率最高；另一方面高的人员流动率使得不同背景、不同文化的人才能够互相交流、互相碰撞，新的思想火花层出不穷，有利于突破式创新的形成。

第二，容忍缺陷、宽容失败与多元化的价值观。人们研究发现，美国文化中有一种倾向，即强烈赞同给新生事物生存发展的机会，允许有缺陷的新事物从头再来。一代一代的移民来到美国创业，大家互相之间人际关系距离比较远，较少存在人情和面子的问题，创业失败是常有的事情。创业失败后自动加入失业的大军重新开始，没有人会讥笑你，你也别奢望别人会同情你。久而久之，宽容的气氛就形成了，这反而刺激了人们的冒险精神，形成不断 try 的文化。宽松的环境是创新的沃土，硅谷文化就是这种宽松文化的典型，这也是为什么 20 世纪 60 年代以后，原本荒凉的硅谷能够战胜美国东部波士顿"128 号公路"地区成为世界创新的领航员的重要原因之一。因为与东部相比,西部更不注重家庭背景、更不注重面子、更加宽容失败。宽容失败也是美国多元化价值观的体现。在多元化评价体系下,财富和地位不是个人成功的唯一标准,尊重个人的选择成为社会的基本价值理念,否则很难解释哈佛大学学生退学创业的现象。成王败寇的思想较少出现,弱势群体的利益得到很好的保护,各种利益集团都有自己表达诉求的渠道,那些通过不正当竞争手段获得的成功反而被人们所唾弃,这些都是美国创新文化的社会基础。

第三,**诚信基础上的合作创新文化**。美国人强调个人奋斗、个人英雄主义,并不表示美国人个个唯利是图、一盘散沙,不能合作。恰恰相反,美国人在尊重和诚信基础上形成的互信合作对于创新起到重要的推动作用,这一点在硅谷的发展过程中表现得特别明显。人们发现,世界各地不乏顶尖大学,创业园、科技园、工业园也比比皆是。但是,硅谷之所以成为硅谷,是因为它在区域内形成了一种高度互信、竞争合作的创新网络。在这样的创新网络中,各创新主体最大限度发挥潜能和专长,将不擅长的业务外包给合作方,共同协作满足多样化的市场需求,适应了快速多变的市场,提高了创新的效率和质量,竞合成为这个创新生态体系的根本特征之一。随着互联网的发展,信息和知识传播越来越容易,这样的创新网络由硅谷一地扩展到世界各地,成为一张张跨越不同地区和国界的创新网络,乃至形成全球创新网络。

2. 德国创新文化实践特征

德国创新文化的核心特征是基于工匠精神基础上的渐进式创新。根据辞海的解释,"工匠"指的是有一定工艺专长的匠人。《周礼·考工记》曰:"百工之事,皆圣人之作也。烁金以为刃,凝土以为器,作车以行陆,作舟以行水,此皆圣人之所作也。"工匠精神使德国制造走向世界。一提到德国制造,我们想到的往往是耐用、实用、质量佳。德国工业产品以品质优良著称,技术领先、做工细腻,在世界享有盛誉,这种口碑源于德国严谨、理性的工业精神和工业文化。从德国常见的姓氏舒马赫、施耐德、施密特、穆勒、施泰因曼来看,在德语里,它们都代表一门手艺:鞋匠、裁缝、铁匠、磨坊主、石匠。从中世纪开始,老师傅带几个学徒做手艺,就成为德国人的职业常态。时移势易,工业化取代了小作坊,但"手艺人"的基本精神没有变。这种精神就是工匠精神。德国人对待工业的严谨和理性体现在工业化时代的各个方面,包括工业产品、工业设计、工业厂房建筑、工业遗产、工业旅游等。

根据科隆大学学者罗多夫(Drodux)的总结,德式创新文化的一个特点是"慢",也就是慢工出细活,对德国人来说,"欲速则不达"——稳健第一、速度第二。第二个特点是"专"。德国约有370万家企业,其中95%是家族企业,其中不少是世界某一工业领域的"隐形冠军",共同特点是"专",专注坚持于某些单一产品,并做到极致。第三个特点是"新"。在德国,即使一些小企业也有自己的研发部门。长期以来,工匠精神已经成为德国文化的一部分。德国的"双元制"职业培训体系,也成为德国工匠培育体系的重要支撑。工匠精神,使得德国工业发展至今依旧焕发着强大的品牌魅力。德国一如既往坚持的工匠精神——专注、坚持、精准、务实,就是一名工匠要有良好的敬业精神,对每件产品、每道工序都凝神聚力、精益求精,即使做一颗螺丝钉也要做到最好。有着以"工匠精神"为代表的严谨、踏实、理性的工业文化做支撑,德国工业在进入工业时代以来一直稳步发展。近年来德国提出了"工业4.0"目标,如果说英国开启了"工业1.0"时代,那么,德国即开启了"工业4.0"时代[1]。

3. 日本创新文化实践特征

吴金希先生对日本的创新文化也做了很好的总结,认为其融合东西方文化形成的别具一格的技术创新文化具有典型意义,其特点主要可以概括为如下几个方面[2]:

第一,危机意识、团队合作与"巴"文化。在技术创新过程中,日本企业特别强调团队合作,他们主张通

---

[1] 付向核、孙星:《解读德国工匠精神 创新中国工业文化》,《中国工业评论》2016年第6期,第48—53页。

[2] 吴金希:《创新文化:国际比较与启示意义》,《清华大学学报(哲学社会科学版)》2012年第5期,第151—158页。

过互相协作共同迎接挑战,这与日本国民中固有的危机意识密切相关。人们研究发现,日本民族文化中有一种根深蒂固的危机意识和岛国意识,深重的危机感使得他们形成了强烈的抱团意识。而且,相对于一些多民族融合的大国而言,日本是一个同质社会,社会中存在着强烈的基于文化认同的相互信任,所以,他们对竞争的理解也与众不同,认为竞争的目的为提高合作的成效,是"通过竞争进行合作性的较量",而不是单纯的对抗。因此,强烈的危机意识和同质化社会使得日本社会的团队意识和集体主义理念比较突出。据测算,德国的个人主义指标是67,而日本的个人主义指标只有46,也就是说,日本人比德国人有着更强的集体观念。要知道,日耳曼民族是国际上公认的组织纪律观念比较强的民族。在日本,只有3%的工程师有在其他企业工作的经验,而在美国,这个比例是49%,这从一个侧面说明了日本员工对组织的忠诚度是非常高的。在制度设计上,日本企业的报酬激励通常针对团队而非个人。

除了人与人之间的团结互助之外,日本企业之间也有着强烈的社会大协作的观念,他们一直比较重视通过企业外部力量进行合作创新,重视与供应商、用户组成协作创新的网络,形成复杂产品创新的社会体系。最典型的例子就是丰田的JIT生产制(准时生产制),在这种生产制度下,丰田的生产体系可以达到零库存,这种体制需要丰田与成千上万个协作厂家进行高水平的社会化协作，如果没有高度协作的精神，企业的零库存根本不可能实现。另据统计，日本、欧洲、美国新车型的"参与比重"分别为57%、62%和66%，也就是说，与美欧相比较，日本汽车公司更多地委托外部企业进行协作创新，这同样反映了日本企业之间的社会合作程度要高于欧美企业。

如果说"准时生产制"是工业时代成功创新的经典模式的话，那么，在知识经济时代，创新人员之间显性和隐性知识的共享机制则是促进新知识产出的重要基础。在这方面，日本企业融合东西方文化创造出了一种称作"巴"的沟通文化，具体说来，就是组织内外的研发人员之间保持着密切的非正式沟通渠道，犹如"知识场"，它对创新者具有较强的辐射作用，知识员工中大量的隐性知识在这种"巴"中得以快速扩散，从而激发大量新知识产出，这成为很多创造型日本企业的核心竞争力之一。

第二，有组织的技术学习、精益求精与渐进式创新。善于学习是东亚文化的显著特点。但是，日本人的可取之处在于，它将这种善于学习的文化传统转化为企业有组织的系统学习。早在20世纪80年代，面对日本产业强大的竞争优势，德国柏林科学技术研究院成立了一个庞大的跨行业研究团队，对日本经济及创新文化特点进行了系统的研究，他们发现，与美国、德国相比较，日本是"缺乏基础性创新，擅长改进型创新的典型"，二战以后日本创新的历史是"拿来主义"的历史，不论原创技术来自何处，日本企业都能迅速高效地加以商业化应用。日本是迄今为止少有的已经成功实施"引进—消化—创新"战略的国家。而引进、消化和吸收本质上是有组织的学习过程，这对发展中国家具有重要的启示意义。后来，韩国克隆日本模式又成为一个成功的追赶典型。

善于学习的另外一个表现就是重视外部情报信息，日本企业认为"拥有庞大、精确、可用的信息是一种极为重要的战略"，"哪怕是竞争对手散发的产品小册子也不放过"。日本企业的商业情报能力是世界一流的。这一点连德国人也甘拜下风，据德国人研究，直到20世纪60年代，西门子公司没有任何人意识到对竞争对手的分析是战略计划中必不可少的部分，他们反而认为，"我们企业快速发展和繁荣的最重要原因是，我们生产的是自己实验室里发明的东西"，"西门子没有对手"。日本企业善于有组织学习的另外一个方面是特别强调企业内部培训学习和岗位轮换。与德国和美国相比较，日本企业的员工要在企业内部进行相当长时间的基层工作，工作轮换是习以为常的，而德国和美国企业对此"一无所知"。企业的内部培训和岗位轮换培养了若干"多面手"，这始终是日本企业的核心竞争力之一。

在学习基础上的持续改善是日本企业创新的另一个鲜明特点，而且日本人专门给它起了一个名字叫

"KAIZEN",意思就是精益求精、决不放弃、永无止境,这已经成为众多日本企业的价值观。日本企业特别重视员工的日常创新,而且这些建议被采纳的比例惊人得高。日本企业的一条生产线经过几年的持续改善,它的生产能力往往已经远远超过其额定生产能力。不理解KAIZEN,你就很难理解日本的JIT。持续改善的文化与渐进式创新的路径是一脉相承的,历史上,日本企业的技术源头多来自美国、欧洲,但是日本人善于将它们进行改善和渐进创新,反而后来居上。日本的家电产业、汽车产业无不是渐进创新获得成功的典范。通过渐进改善,日本产品更小巧、更节能、更人性化、更易操控。

第三,创新型消费习惯。在一个社会中,一般民众对待创新型产品所持的消费态度至关重要,创新型消费文化将极大地促进创新型社会的形成。这也是迈克尔·波特在论述国家竞争优势时所反复强调的,在他提出的钻石模型(Diamond Model)中,波特认为,一国国内的市场需求条件是该国产业竞争优势的关键要素。对日本消费者而言,创新型产品比低价的产品更重要,因此,日本消费者对价格的敏感程度往往要低于德国和美国消费者,所以,日本企业的创新活动往往能够得到国内消费群体的有力支持,市场的激励有力地促进了日本企业创新导向的竞争策略的形成。日本企业也因此养成了在国外实施残酷的价格竞争以打败国外对手，而在国内联合维持较高价格的习惯。波特认为，日本企业在国内消费者的创新诉求和对产品品质高要求的压力下，不断朝着生产"轻薄短小"的产品开发方向努力，促进了日本产品具有轻便、精致、多功能的特点，这些特点很容易被国际市场接受。

二 国内代表城市创新文化实践

1. 上海创新文化实践特征

第一，根植于兼容并包的海派文化。许纪霖先生提到世界上皆有"双城记"，中国的北京与上海分别代表了南北文化。与北京相比，上海1843年开埠，这个城市本身就是全球化的产物，没有全球化，就没有上海。上海是在全球化过程中诞生和发展。这是上海与其他许多开放性城市不同的地方。上海是一座兼容并包的城市，像纽约一样，是世界主义的大都会。在近代中国，西洋文化最早是来到广州，但广州在区域上属于岭南文化，与西洋文化冲突比较大，所以一直到今天，广州依然是一座充满南国情调的中国城市，而非世界主义都会。但上海在地域上属于江南文化，江南文化的理性主义和浪漫主义传统，恰巧与欧洲文化中基督新教的资本主义精神和天主教的艺术情调——对得上，于是便产生了亲和性。不仅如此，世界文化中的其他重要流派：俄罗斯文化、犹太教文化、日本的东洋文化等也曾经深刻地影响了上海的都市文化，上海文化显现出世界主义的杂多风格，与北京特有的中国风，形成鲜明的对比。这种海派文化看似没有特点，但是强大的包容性也为上海的创新发展打下了坚实基础。

第二，"简政放权"的市场导向。上海市结合"简政放权"的理念转变政府职能的做法，主要体现在"退、放、进、变"四部曲上。"退"就是对市场导向明确的创新活动，减少对具体项目的选择和企业创新的干预。"放"就是凡是市场机制能够实现或有社会组织能够替代的服务功能，主动转型为之腾出空间，并给予必要支持。具体做法如：上海市放宽"互联网＋"等新兴行业市场准入管制，取消不必要的办证规定等做法。"进"即着力加强统筹协调和顶层设计，抓战略、抓重大、抓前沿、抓基础。具体做法如：上海市统筹整合政府公共数据与信息系统建设，深入推进政府公共数据资源开放应用。"变"即减少政策预设，不简单用旧思想和标准对创新活动作取舍，让更多创新创业主体参与竞争。特别是对新模式、新业态等新生事物，先让其发展，由市场评价决定。具体做法如：上海自贸区在政府服务方面突破已有的框框，实行"先入区，后报关"，为企业带来了更多的便利，赢得了主动。再比如上海推动科技成果转化和产业化的路径，主要是通过确立企业的科技创新主体地位，引导推动人、财、物各种创新要素向企业集聚。具体做法如：《关于加快建设具有全球影响力的科技创新中心的意见》（沪委发〔2015〕7号）明确指出，试点实施科技成果转移转化普惠性税制，加大对科技创新重点行业研发活动的支持力度，扩大对中小型科技企业政府采购比例。又如：改进国有企业经营业绩考核办法，引入人气激励、股权激励等创新导向的中长期激励方式，鼓励国有企业加大创新投入力度。同时，下放高校和科研院所科技成果处置、使用和收益权，鼓励他们与企业开展协同创新，使应用型科技创新成果更多更好地产业化。

第三，"小而精"的创新着力点。与北京市站在国家高度进行大科学创新相比，从20世纪90年代，上海就开启了促进中小微科技发展、提升科技创新的道路。经过20多年的发展，主要形成的激励中小企业科技创新的举措包括：一是科技小巨人工程。该工程专为扶持科技型中小企业创设，提升其自主创新能力，提升其核心竞争力，支持对象包括科技小巨人培育企业、科技小巨人企业。资金来源于上海市科技型中小企业技术创新资金，市补贴资金与区（县）资助资金1∶1配套。二是重点实验室项目。该项目是由实验室依托单位提供后勤资金支持，市科委设立专用的合作开放资金和产学研配套资金。2015年企业享受研发费加计扣除与高新技术企业税收减免额等合计269.7亿元，同比增加37.2%，增幅比例远超历年，两项减免税额相当于地方财政科技拨款的比例，从2010年的60%上升到2015年的97%。这对于企业，尤其是中小型企业而言，是营商环境和创新氛围的双重利好。这也使得上海中小型企业的创新活力得到促进，一批本土创新型企业开始在行业内取得优势地位。上海各类创新政策对于中小型企业的吸引力，也使一批国外创新型企业开始扎根于上海。这一做法值得北京市参考。

图1—2 上海张江创新园（作者摄）

2. 深圳创新文化实践特征

第一，"敢为天下先"。"深圳精神"形成于1990年，原为"开拓、创新、团结、奉献"八个字。早在

2002年3月至8月,深圳市就开展了"深圳精神如何与时俱进"大讨论活动,在社会各界引起了强烈反响。深圳市委常委会集中全市人民的建议意见,经过慎重研究,决定将深圳精神重新概括为四句、十六个字。新的深圳精神是"开拓创新、诚信守法、务实高效、团结奉献"。深圳精神的重要意义在于彰显这座"敢为天下先"的城市特色风貌,引领着一座城市的未来发展。一座城市没有精神,就没有灵魂,就没有准确的核心理念定位,就没有奋勇争先的精神动力源泉。只有打造出自己的城市精神,才能对外树立形象、对内凝聚人心,使全市上下团结一致、共谋发展。深圳精神植根于中华民族优秀传统文化土壤,孕育在深圳这个改革开放的前沿阵地,体现了鲜明的时代特色和创新精神,是深圳人民新时期开创新事业的重要精神动力。

第二,6个"90%"的市场调配。深圳市形成了较完善的市场机制,市场对创新资源的配置有着极高的水平,让各类企业在市场经济的浪潮中大展拳脚,集中表现为六个90%,即90%的创新型企业是本土企业,90%的研发人员在企业,90%的科研投入来源于企业,90%的专利生产于企业,90%的研发机构建在企业,90%以上的重大科技项目发明专利来源于龙头企业。另外,以企业为主的创新载体,实行企业化的管理,与市场直接对接,真正"接了地气",成为了深圳创新生态体系具有强大生命力的根本。深圳创新发展成功的关键内因是将企业置于创新的主角,形成了高度市场化的创新机制,让企业在创新发展中扮演极其重要的角色,让企业家成为技术创新的主导者、组织者和风险承担者。这一做法促成了深圳创新发展升级到更高阶段。因此,北京可借鉴深圳成功做法,进一步发挥企业在创新生态体系建设中的主体作用,真正使市场在资源配置中起决定作用。

第三,"蒲公英式"的生态型创新文化。深圳经过30多年的积累,拥有了较完善的上下游产业链,可以迅速地将创新产业化,保障了创新的低成本与高效率;拥有了较完备创新服务体系,形成了种子基金、天使投资、创业投资、担保资金和创投引导资金、产业基金等全链条金融体系,来覆盖创新型中小企业整个生命周期的成长,吸引了全球高端要素资源汇聚深圳并呈现出"蒲公英式"裂变,让创新创业的种子散播开来。因此,北京市可结合自身特点,积极发挥首都地缘优势和资源优势,整合全球高端创新要素融入本地创新生态体系,完善创新产业链条,健全创新服务体系,驱动新一轮更高技术、更高水平的创新。

三 国内外创新文化的启示借鉴

尽管国际上每个国家的创新路径各有千秋,但归纳起来,这些国家的创新均有一些共同的基本特征。一是创新要素的集聚地,高端创新人才密集,拥有多层次资本市场,在人才、技术和资本等方面对世界具有带动和

图1—3 深圳会议展览中心（作者摄）

辐射作用。二是创新链条和产业链条比较完整，具有研究开发、设计和制造能力，以及配套产业链；拥有世界知名大学、前沿研究机构，能够形成一批具有国际影响力的科技成果和创意，并能够就地实现产业化，形成价值链。三是拥有一批具有创新活力和国际影响力的公司，包括跨国公司和大量有创新活力的创业企业，在若干产业领域具有领先水平。四是最为重要的，也是本书试图重点阐释的，均具有公平竞争的市场环境，规范的法治环境和容忍失败、多元包容的创新文化。

因此要实现国家创新，尤其是全国范围内的全面自主创新，必须依赖于国民创新文化作为支撑。因而，加强创新文化建设将是中国建设创新型国家和实现可持续发展必须面临的一项紧迫又艰巨的重要任务。但现有的研究发现，"平等文化"、"包容文化"、"冒险精神"、"崇尚个性"是中国创新文化的绝对短板，"求变精神"、"诚信文化"、"怀疑精神"是中国创新文化的相对短板，并且这些短板皆具有较强的稳健性和强壮性，而创新文化短板导致了社会创新氛围的严重缺失和个体创新精神的明显不足。基于创新文化短板成因模型对我国创新文化中的短板现象进行成因分析。以《论语》作为我国传统文化的综合代表，根据构建的创新文化概念体系对其解构和内容分析，发现我国传统文化缺陷是我国创新文化短板中平等文化、冒险精神、崇尚个性、求新求变精神、怀疑精神五大短板现象形成的重要深层原因；以中国近现代发生的重大社会事件和外来文化影响中国的重大事件为内容分析材料，发现社会裂变伤害是我国创新文化短板中诚信文化和包容文化短板现象形成的重要内因，外来文化侵蚀是其形成的重要外因，即社会裂变伤害和外来文化是其形成的重要原因。通过查找中国创新文化短板结合其形成原因，从国民创新精神和社会创新氛围两个维度进行短板的整体提升；针对冒险精神、求变精神、个性精神、怀疑精神、平等文化、包容文化、诚信文化七大短板进行制度弥补；把创新文化建设融入国家战略，针对创新文化短板进行政策提升。开展国家创新文化体系建设，为国家的自主创新跃迁构造一个健全的文化基础与氛围①。

伴随着我国创建创新型国家的伟大征程，我们迫切需要建设与之相适应的创新文化。从对德、美、日等国创新文化的比较和分析中，可以看出，一国的创新文化与传统和社会大环境密不可分。德、美、日等发达国家的创新文化有很多可取之处。我们必须在扬弃的基础上大胆采取"拿来主义"的策略，遵循以我为主、兼收并蓄、融和提炼、螺旋上升的原则来逐渐优化我们的创新文化。

新时期，我们既要发扬爱国、奉献的优良传统，又要尊重年轻人的个性特点，充分发挥个人积极性；既要在科学界发扬创新、求实、诚信的文化，又要在全社会打造尊重知识、尊重人才的风尚；既要大力提倡企业的技术创新、产品创新，又要着力塑造创新型的社会消费文化，打造整个社会尊重创新、消费创新的氛围。总之，要大力弘扬科学精神、创新理念和创业精神，并使之成为实现中华民族伟大复兴的不竭的

---

① 柯俊：《我国创新文化的短板及其成因分析》，硕士研究生论文，重庆邮电大学，2016年，第1页。

动力源泉。

需要强调的是,文化的内涵是丰富而复杂的,是受多种因素影响的。分析、讨论一个国家或者民族的文化是需要小心谨慎的,更何况是对博大精深的中华文化。世界上没有十全十美的文化,优点往往与缺点相伴而生。但是,五千年的伟大文明历程一再证明,敢于正视自己文化之不足,勇于善于吸收一切外来文明、和谐包容不同的文化正是中华民族的伟大之处。对于北京而言,作为中国的首都所在,更需要以此为鉴,从世界主要国家和国内代表城市创新文化实践中汲取经验,寻找到属于首都创新文化的特色所在。

第五节 首都创新文化的特色

一 首都创新文化的特色凝练

现有对北京创新文化的研究不多,主要从科技和文化创新两个角度展开,正对应着北京"四个中心"建设中"全国科技创新中心"和"全国文化中心"两大定位。就科技创新而言,学者是从北京建设创新型城市视角展开,强调创新文化在首都发展中的核心地位,尤其是与科技创新相辅相成的互动关系,创新文化有利于北京在科技竞争中取得优势,创造一种有利于科学创新的组织氛围,是建设创新型城市亟待解决的重要问题之一[①]。而在有的学者看来,创新文化建设又被视为首都文化实现大发展大繁荣的一个重要方向。北京全国文化中心建设需要逐步培育城市创新精神,形成创新城市的文化特质,壮大创意群体,建立以文化创新为核心的城市文化生态系统[②]。因此有必要对首都文化进行特色凝练。

近年来,北京在经济发展、科技进步、城市建设、社会管理等方面取得的成效见证了这座城市的创新文化。北京自中华人民共和国成立以来,特别是改革开放以来所取得的一切伟大成就,无不是与北京人民观念创新、体制机制创新、科技创新、文化创新紧密相连的。创新要承载国家发展昌盛的使命,体现以人为本的价值取向,要符合科学发展的规律,蕴涵海纳百川的包容精神。北京文化发展研究院通过对首都创新文化与古都文化、京味文化、红色文化之间关系的梳理、研究,提出传承超越、涵容出彩、居高致远、化物弘人的创新文化是首都文化中最体现时代精神、面向世界和未来的维度。

首都蓬勃兴起的创新文化是北京人民大胆探索、勇于创造、自强不息、锐意进取的精神体现,表现为敢于

---

① 何丹、任效鹏、时勘:《北京地区科技创新文化现状及作用机制研究》,《中国管理信息化》2011年第9期,第2—6页。
② 陈红玉:《以文化创新驱动推进北京创意之都建设》,《北京社会科学》2011年第6期,第9—13页。

开拓、宽容失败的创新氛围,各得其所、人人出彩的创新机会,要素齐全、人才密集的创新优势,科技与人文深度结合的创新特色。立足国内和当下,放眼世界和未来,以科技创新为带动,以文化引领为先导,以民族复兴为己任,创新文化必将不断为首都文化开创更新的境界。

1. 传承超越

作为千年古都,北京在发展中始终吐故纳新,荟萃精华,涵养出了海纳百川、包容天下的精神,既注重文化传承,又勇于超越。作为首都,北京是全国瞩目的焦点,是国家稳固的定海神针,保持基本文化精神的延续与稳定是首都的重要使命。但北京并不固步自封,而是与时俱进,敢于自我革命,"苟日新,又日新"(《尚书》)。中华人民共和国成立之初,基于全国生产力落后、技术薄弱的现实,北京明确提出"建设成为我国强大的工业基地和技术科学中心"的目标。1959年,结合市区工厂过多、布局不合理以及供水紧张、环境污染等问题,北京正式决定"今后除十分特殊的情况以外,在规划范围内一般不再摆工厂",实现了城市发展思想上的一个重要转折。20世纪80年代,北京一再强调"工业建设的规模要严加控制","今后北京不要再发展重工业。"到90年代初,随着改革开放的进一步扩大和我国国际地位的提高,北京确定城市性质是"全国政治中心和文化中心,是世界著名的古都和现代国际城市"。

2005年,北京市城市总体规划调整了城市发展规模,加强了卫星城的建设力度,开始实施京津冀之间区域合作,对历史名城保护进一步深化细化,对生态环境保护要求更加科学系统,对城市公共交通设施的建设提出了更高要求。近年来,针对首都发展中的"大城市病",毅然决定疏解非首都功能,通州城市副中心、京津冀协同发展和雄安新区等重大决策应运而生,在世界级城市群建设的宏伟战略中,正确处理"都"与"城"、"舍"与"得"的关系,疏解与提升的关系,"一核"与"两翼"的关系,既突出首都的核心功能,又促进京津冀的协同发展和对全国的辐射带动作用,满足人民对幸福生活的追求,提出建设国际一流的和谐宜居之都。在产业的发展上,北京也经历了从重点发展重工业,到发展轻工业电子工业,再到以发展"高精尖"产业和文化创意产业为重点的演变历程。在首都发展进程中,虽经历不少波折,但一次次脱胎换骨,都体现了对城市历史文化的继承和发展,实事求是,准确定位,不断调整,逐步完善,形成了在稳定发展中实现自我超越的文化特质。

2. 涵容出彩

失败是成功之母,创新必然有挫折甚至失败。有"试错"、能"容错",形成敢为人先、敢冒风险、敢争一流的创新精神,大众创业、万众创新才真正成为可能。包容是北京精神的重要内涵,也是首都文化的重要特征。在首都的创新创业中,人们既为成功者喝彩,也为失败者加油,形成了全社会"鼓励创新,宽容失败"的氛围。"京东"首席执行官(CEO)刘强东曾开餐馆失败;小米的雷军曾经创立三色公司而破产。在挫折面前不低头,在失败中重新站立的精神力量,鼓励他们重新创业,终于迎来事业的成功。北京既凝聚了众多来自世界的顶尖人才、社会精英,也吸引来大批"北漂"。比如程维,一个来自江西铅山县的 80 后,卖过保险,管过足疗店,最终创立了滴滴出行公司。这座城市为许多这样的青年提供了机会,"北漂"成为在北京寻找机会顽强打拼的年轻人的代名词。北京生活成本高、压力大,可谓居大不易,但是四面八方的人愿意来到北京,一个极其重要的原因是北京拥有其他地方无法比拟的干事创业的机遇,这正是首都文化重要的软实力。随着中国的迅速崛起,世界格局正在发生前所未有的深刻变化。不仅中国以空前的方式深度走向世界,世界也以空前的方式深度走进中国,北京作为中国的首都迎来了前所未有的世界机遇。把世界的机遇变为中国的机遇,也让中国的机遇成为世界的机遇。这些机遇不仅属于这座城市,而且属于生活在这座城市的每一个人。在这里,人人拥有出彩的机会。

3. 居高致远

北京是国家理念、制度、科技、文化创新发展的重要策源地,富集了其他城市难以企及的国家级创新资源和平台。北京是我国教育、科技、人才乃至企业、市场渠道最为密集的城市。全国半数以上的两院院士在这里工作和生活。北京拥有央企总部数量位居全国第一，是拥有世界500强企业总部最多的城市之一。单就中关村国家创新示范区来说，就拥有近90所高等院校和400余家科研院所，120余家国家重点实验室和90余家国家工程技术中心，300余家跨国公司设立研发中心。承担的国家重大科研项目占了全国的40%，国家"863项目"占全国的四分之一、"973项目"占全国的三分之一。中关村已经成为我国自主创新的一面旗帜，正向具有全球创新影响力的中心迈进。中关村是首都"居高"的一个缩影，未来的北京正不断发挥"致远"的影响力。凭借北京创新要素高端富集的得天独厚优势，北京正成为中国科技创新的"领头羊"，伴随北京创新要素开放共享程度进一步提高，服务全国创新发展能力进一步增强，北京在全国率先形成创新驱动的发展格局，不断实现产业结构优化升级和经济发展方式转变，肩负推动全球新一轮科技革命与产业变革的历史使命。北京正不断成为众多国家级、世界级创新成果的首发站和面向全球发布的主秀场，引领着全国乃至世界流行文化、大众文化发展的方向，北京电影节、北京音乐节、北京戏剧节、北京国际青年戏剧节、北京国际旅游节和北京国际图书博览会、北京国际设计周、北京国际时装周、北京国际文化创意产业博览会等大型文化活动应接不暇，首都正以清新、健康的大众文化和异彩纷呈的文化精品，引领积极向上的时代潮流。

4. 化物弘人

北京深入贯彻国家"十三五"规划纲要中提到的"创新、协调、绿色、开放、共享"五大发展理念和"人文北京、科技北京、绿色北京"的发展战略。人文北京是首都发展的首要战略,人民共享是发展的价值皈依。建设"人文北京",就是以人文立市,把"以人为本"贯彻到城市建设管理的各方面,使北京成为具有人文关怀品质、社会保障体系完善的健全城市;就是精神文明要上新台阶,成为有高度文明素养的优雅城市;就是文化教育要高度繁荣,凸显文化中心特点;就是要社会更加祥和安定,成为和谐社会的首善之区。作为国家创新中心,首都的创新不在于简单的 GDP 指向,而是强调科技以人为本、创新以人为本,以满足人民日益增长的物质特别是精神文化需要为出发点,进一步带动全国科技发展以造福人民。北京强化科技与人文的深度融合,努力实现文化与科技的双轮驱动。在创新方法上,一方面注重挖掘传统文化资源,把传统文化精神融入到现代科技成果之中。水晶石数字科技有限公司利用三维图像技术首次全面复原了北京老城、唐长安、苏州古城及秦始皇陵等历史遗迹,制作了立体互动的《故宫》《清明上河图》《新丝绸之路》《中国建筑奇观》等数字文化产品,对现有文化资源进行了高科技包装,从而使之活化,走进人们的生活。另一方面注重网络虚拟技术、人工智能技术的创新，一大批网络动漫、游戏，走出国门，在世界产生广泛影响。以751清华科技园为代表的多样化的文化创意产业，已经显示出文化与科技创新融合的勃勃生机，文化创意产业对首都经济发展的贡献率已经达到14.7%。正是以人文为导向，首都创新最大限度地为人们创造了便捷、绿色、舒适的生活条件，惠及所有城市居民，首都因此而变得更加和谐宜居，人们的生活更变得日益幸福，对全国乃至世界越来越发挥着引领示范作用。

二 首都创新文化与三大文化的关系

首都文化是以悠久的北京地域文化为基础，会通涵融各地域、各民族文化，吸收借鉴外来文化，所形成的各种精神观念及外在呈现形态的集合。首都文化具有鲜明的历史性、地域性、融合性、首善性、创新性和先进性，既是中华文化的重要组成部分，也是中华文化的集大成者。说到底，首都文化本质上是泱泱大国文化和社会主义先进文化。首都文化主要包括源远流长的古都文化、丰富厚重的红色文化、特色鲜明的京味文化和蓬勃兴起的创新文化四个方面。其中，古都文化是首都文化的根脉和底色，红色文化是首都文化的核心和灵魂，京味文化是首都文化的活态与表征，创新文化是首都文化的动力与动能。四个方面相辅相成、有机统一，共同塑造着北京的首都风范、古都风韵和时代风貌，构成了首都独特的精神标识。

1. 首都创新文化与古都文化

创新文化为古都文化实现创造性转化、古都文化是创新文化的典型代表。对于人文城市建设及城市文化形象塑造来说，因为具有文化遗产丰富、文化资源厚积的特殊优势，中国的众多古都，尤其是北京、南京、西安、开封、洛阳、杭州等城市沿革连续未断的著名古都城市理应扮演先导、示范的重要角色。《国家新型城镇化规划（2014—2020年）》将人文城市建设列为重点任务之一。作为"首善之区"，古都文化发展、古都文化形象塑造是北京城市建设必须面对的重大命题。为了塑造"文化传承，彰显特色"的古都文化形象，显示文化遗产"活化"、历史文化与现代文明融合发展的特殊魅力，避免使古都保护在拆旧建新、拆真建假中陷入千城一面的尴尬境地，必须依托创新文化与古都文化的形象互动，对古都文化的新内涵与新特征进行澄清，从不同侧面、不同角度创新性深入探讨古都文化形象的塑造。

但是，现阶段北京古都文化的保护传承与利用开发的现实也在提醒我们，现有相关理论的着重点多是在于硬件设施的规划、维修、更新、重建，对传承历史文脉、保存历史记忆所必需的人和人的相关活动则缺乏足够的关注，既难以有效在人文城市建设中体现文化传统作为"城市和建筑之魂"的重要地位，表达"建筑形式的意义来源于地方文脉，并解释着地方文脉"；也不能切实提高社会公众对古都保护的共识和参与程度，促进达到"为人的发展创造三维形式和合适的空间"①。

因此，亟须通过创新文化为古都文化重新赋能，以"地气、文气、人气"的主动对接，积极适应国内外形势的深刻变化和现代信息技术的飞速进步，关注、跟踪当代社会文化消费的现状、趋势和"热点"，努力满足公众对古都文化产品质量、风格、品位的新要求、新期待，在文化生产、文化消费中反映人民心声、增进社会共识，引导形成传播古都文化的新风尚。

2. 首都创新文化与京味文化

创新文化为京味文化顺应全球化发展提供强大支持。京味文化是晚清至民国时期在北京形成的一种文化，是宫廷文化、缙绅文化和庶民文化三者相互结合的产物。经历漫长的历史长河，在特定的社会条件下，宫廷、缙绅、庶民文化之间相斥相吸，历经自然筛选、融合、演变，共同构成了京味文化。如今，京味文化被宽泛地定义为老北京文化。京味文化融合了满、汉、蒙、藏等多民族文化精粹，不同之处京味文化在于其多元化，它的形成有赖于各民族在此争斗、停留、融合而渐渐沉淀下来的历史遗存。

京味文化是北京历史文化的重要组成部分，是北京

---

① 刘涛、甘桂芬、钱钰：《论古都文化形象的内涵、特征与塑造》，《中国名城》2015年第10期，第11—29页。

旅游文化中最鲜明的特色。在民间音乐、民间文学、民间舞蹈、传统戏剧、曲艺、民间杂技与竞技、民间美术、传统手工技艺、传统医药中都有所涉及，是中华民族智慧的结晶，具有重大的历史传承价值。以京味文化为特色，将传统与时尚相结合打造的休闲文化旅游产业链，不仅可以成为北京旅游的名片，提升北京国际旅游城市的品牌形象，而且大大激发北京文化产业投融资的力度，提升北京文化商业的活力。同时，向海外推广极具特色的京味文化，易操作，文化影响力更高，文化认同感更强，更能促进中国与世界文化的融合①。

但在京味文化的传承发展过程中，现阶段京味文化产品的创新度低、现代内容少、附加值小。创新是企业的核心竞争力和可持续发展的根本所在，但缺乏创新一直是制约首都京味文化传承的瓶颈所在。京味文化面临着继承传统与创新发展两难的问题。我们的京味文化产品，几十年、上百年一个模样，创新度低，附加值小，缺乏既有京味文化元素又兼具现代表现形式、时尚感强的经典作品，这不仅妨碍了京味文化向海外传播，而且造成我们身边喜爱传统文化的人群不断流失，京味文化企业自身也面临生存的窘境。

因此要传承与发扬京味文化，创新文化是基础，是

---

① 董晓莉：《"京味文化"走出去 提升文化国际影响力》，《北京观察》2013年第3期，第3页、第26—29页。

理念，也是手段。京味文化的传承与发展，要借助新时代的文化发展契机。习近平总书记两次视察北京都对北京建设发展作出重要指示，明确把北京建设成为全国的政治中心、文化中心、国际交往中心、科技创新中心。市委书记蔡奇指出，建设全国文化中心，要集中做好首都文化这篇大文章，在保持京味文化产品传统魅力的同时，提升其创新度，增加契合新时代发展、新时代人们审美需求的元素。要为京味文化提供更多的制作、传承与展示场所。政府要利用各种文化机构来宣传、推广、普及京味文化，允许和鼓励民间机构和资本进入①。同时这种创新还应充分考虑中西方文化差异，不能只是展示"我们要展示的"，而是要主动运用国外文化市场运作规则、受众需求特点、欣赏习惯和审美情趣，使海外推广战略和方案更具可操作性，才能通过创新这艘大船，让京味文化真正走出去。

3. 首都创新文化与红色文化

创新文化是红色文化的题中之义和重要基因，创新文化助力红色文化，保证首都文化可以更好地引领全国、辐射世界。北京红色文化地位独特。相较其他城市和地区而言，北京的独特地位酿造了独特的红色文化。新民主主义革命时期，这里发生的一系列革命运动和重大事

---

① 赵雅丽：《京味文化的内涵、特点及传承发展》，《前线》2018年第3期，第85—86页。

件,深深影响了中国革命的轨迹。特别是中华人民共和国成立后北京作为首都,是我国建设、改革历史上重大战略的决策地,是党的领袖和重要党史人物的活动地,也是国家诸多重大活动的举办地。

红色文化的创新与升华就是社会主义先进文化。社会主义先进文化是中华人民共和国成立特别是改革开放以来党领导人民创造的文化。从一定意义上说,先进文化就是红色文化,而且是更高层次的红色文化。先进文化最显著的特征,就是中国特色社会主义的共同理想和社会主义核心价值观,就是以爱国主义为核心的民族精神和以改革创新为核心的时代精神。特别是党的十八大以来,以习近平同志为核心的党中央提出的"四个自信""四个全面""五位一体"以及"实现中华民族伟大复兴的中国梦"等战略构想和宏伟目标,既是现实性与理想性的有机统一,科学性与人文性的有机统一,也是民族性与开放性的有机统一。所有这些都开辟了社会主义先进文化的新境界,丰富了红色文化的新内涵,激励着我们扬帆起航、行稳致远[1]。

同时,我们也需要意识到首都红色文化从资源开发利用到传播宣传都还有很大的问题,需要我们用创新手段去突破去弘扬。比如北大红楼和李大钊故居、卢沟桥

---

[1] 中共北京市委党史研究室课题组:《深入推进北京红色文化建设 凝心聚力做好首都文化这篇大文章》,《前线》2017年第10期,第74—76页。

和宛平城、碧云寺和双清别墅、"没有共产党就没有新中国"纪念馆，都是极具价值的教育基地。以"五四"、"七一"、"七七"、"八一"、"十一"等重要活动纪念日为契机，组织开展重温入党入团誓词、参观缅怀、文艺汇演、拓展体验等红色主题活动，打造一批红色文化品牌。北京城内知名文化景点众多，游人无暇顾及或注意不到红色景点；北京郊区由于配套功能相对欠缺，游人难以找到或不便前往，为此，必须加强相关建设，畅通一批红色旅游线路。此外，还要在加强对现有红色资源保护的基础上，不断挖掘、利用新的红色资源。

此外，创新文化在首都红色文化的践行还体现在开门办史，充分发挥"三支队伍"作用，尤其要聚合首都高校、党校、军队、史志、档案、文博等系统党史教学与研究人员，积极开展红色文化研究，推出更多有深度有影响的精品力作。落实"一突出、两跟进"要求，深挖红色文化内涵和时代价值，做到研究与时代同步推进，更好地服务全国文化中心建设。深化与媒体的合作，发挥电视、广播、报刊等传统媒体作用，用好博客、微博、微信、网上展馆等新媒体，努力构建多样化、立体化、全媒体的信息传播体系，使北京红色文化以更为创新的工具和手段，传播跨越时空限制，走出北京，走向全国，面向世界。

第二章 传承超越的创新文化

党的十九大报告指出:"文化自信是一个国家、一个民族发展中更基本、更深沉、更持久的力量。"首都文化是立足于首都定位,植根于首都特色文化资源,在国家文化建设中起着示范性和引领性的代表性文化。这种自信来源于传承,更来源于对古都传统的超越。北京作为千年古都,从古老的风俗礼仪到传统的伦理道德再到如今的创新成就,北京在发展中延续着传统,与时俱进,不断超越,成就卓越。

第一节 尊重传统

美国建筑学家贝肯(E. N. Bacon)坦言:"在地球表面上,人类最伟大的个体工程,可能就是北京城了"。丹麦学者罗斯缪森(S. E. Rasmussen)更是赞叹道:"北京城乃是世界的奇观之一,它的布局匀称而明朗,是一个卓越的纪念物,一个伟大文明的顶峰"。美国规划学家亨瑞·S. 丘吉尔（HenryS. Churchill）以现代建筑观点评论道，北京的城市设计"像古代铜器一样，俨然有序和巧为构图"。赢得世界赞扬的北京城，自西周建城，历经3000多年的历史，是一座完全按照中国传统礼制规划设计建造的城市，凝聚着中华民族的智慧，是中国古代城市规划建设重要而杰出的经典之作，也是世界城市规划设计界绝无仅有的作品。北京的创新文化始终建立在尊重传统，尊重经典的基础上。自"蓟"建设为始，北京城市建设历经金代中都、元代大都、明清北京等时期，至今已有3000多年的历史。北京城是一座完全按照中国传统礼制规划建造的城市，凝聚着中华民族的智慧，把中国人的美学观点用物质存在的形式完整地表现出来，被视为中国古代城市规划建设最重要、最恢宏的经典之作，也是世界城市规划设计界绝无仅有的作品。北京城市建设与设计布局上的整体感和稳定感，历来为中外历史学家、建筑学家、城市规划学家所推崇、赞叹。

北京的创新文化建立在对自然规律的尊重，其城市布局充分分析考虑了区域的自然经济文化要素，始终秉承"天人合一"的理念，对北京城市建设形成了深远而持久的影响。3000多年前的"蓟"，位置在今北京市房山区琉璃河镇，城市布局具有鲜明的"逐水草而居"的生态意义。秦汉时期蓟城的位置大约在今宣武城区一带，城市建设在永定河冲积扇上，利用西湖（今莲花池）水系保障城市发展。金代中都，中心位置约在今广安门一带,以洗马沟水(发源于西湖即今莲花池)、玉渊潭湖水和高梁河水为水源供应地。元代大都,中心位置在今北海琼华岛。这一时期,城市人口大量增加,城市规模不断膨胀,北京成为当时世界上规模最宏大的城市,由此产生的水源和物资需求,促进了依托通惠河和城中积水潭的城市发展。明清时期,城市中心位置较大都向南移动,清代又在西郊西山附近大规模建造园林,形成著名的"三山五园"。由于西北郊地区水资源丰富,始终保留了较好的自然生态环境,成为北京城市的郊野风景区和后花园,其茂盛的植被也起到了生态作用。北京的城市建设始终秉承"尊重自然、依托自然"的"天人合一"建设理念,成为城市布局发展的核心思想。在城市建设中,大胆地将成片天然湖泊(现什刹海)引入城内,以中轴线与之相切,确定整个城市的布局。

北京的创新文化汲取了中华优秀传统文化精髓。北京城市建设的内部格局深刻体现着中国传统文化礼制的精髓,成为国内外都城建设史上的文化瑰宝与精粹。作为国家都城,其形制设计力求规整、严谨、大度、气派,因此我国古代即提出了"王者择天下之中而立国,择国之中而立宫"的建都原则,即"择中论"。把宫廷布置在全城的中心,即"择天下之中建王国",其内涵是"既便于四方贡献,更有利于控制四方"的思想。在城市具体建设上,《周礼·考工记》明确指出:匠人营国,方九里,旁三门,国中九经九纬,经涂九轨,左祖右社,面朝后市。辽南京、金中都、元大都和明清北京的城市设计规制无一不取自于《考工记》，北京旧城的轮廓从长方形到凸字形，几经变化，但是自北而南隐然存在的纵贯全城的中轴线始终是城市建设的核心和主体。1420年兴建了天坛和山川坛这两组建筑，其东西并列的位置，显然是由内城中轴线的延长部分所决定的；1553年加筑外城，出现了纵贯内外城长达八公里的新轴线，但却给人内外城同时设计，一气呵成的整体感。"左祖右社"，指的是祖庙与社稷坛。《礼记·曲礼下》指出：君子将营宫室，宗庙为先，厩库为次，居室为后。周朝尚左，古人朝政坐北朝南，左即东位。因此，以左为上，即以东为上。祭祀祖先与祭祀社稷乃属国家之大典，太庙与社稷坛因而也成为都城之内最为显赫的建筑之一。这些指导思想影响着历朝历代统治者对于北京城市的规划建设，经历了漫长的岁月，形成了北京城市独特的空间格局。

北京创新文化对传统的尊重，北京城中最为经典、堪称精髓的中轴线建设中，沿中轴线展开的紫禁城、皇城、内城、外城构建了整个城市的空间格局。城市中轴线从最南的永定门开始，纵穿外城，经内城南面的正阳门直抵皇城正门——天安门，进入皇城穿过紫禁城，越过横在轴线上的景山，出皇城北门——地安门，直抵城北的鼓楼与钟楼。其间，紫禁城里的重要殿堂都被放在轴线之上，两旁对称排列着寝宫厅馆，左祖右社也分居

第二章 传承超越的创新文化

图 2—1 天坛祈年殿（作者摄）

中轴线左右。这条长达 7.8 公里的城市中轴线为世界罕见，将中国传统城市建造思想表达得淋漓尽致。城中以金红二色为主调的宫殿，与四合院灰绿营造的安谧，构成强烈的视觉反差，给予人极具震撼的审美感受。实际上，北京文脉在尊重传统基础上的传承发展在中轴线的建设上也有体现。北京城市发展有三个非常重要的里程碑式标志，代表不同时代、不同发展方向、依时代而延续的文明。第一个里程碑是故宫，这是世界都城建设史上最为宏伟的王朝首都，代表了封建时代的北京；第二个里程碑是封建时代结束和中华人民共和国的诞生，以天安门广场为中心，包括西边人民大会堂、东边革命历史博物馆的建设；第三个里程碑是亚运会中心和奥林匹克中心建设，代表了北京进一步地迈向国际，走向世界。这三座里程碑实现了北京从设计建设之始就拥有的历史文化中轴线的拓展延伸。这条中轴线是对北京整体城市建设的一种继承和发扬，是把奥运建设和城市长远发展结合起来，现代文明和传统风貌相得益彰、交相辉映，具有高度包容性的文化名城的内涵。2018年7月4日，北京市正式提出"中轴线"力争在2030年基本达到申遗要求，确保到2035年内实现申遗目标。中轴线申遗不仅仅是为了多一处世界文化遗产，而是以中轴线申遗作为统领，对老北京既有创新文化的一种传承。

图2—2　北京中轴线局部（作者摄）

第二节 与时俱进

审视北京历史的创新发展，创新文化体现在北京历史上的各个重要节点，也就是这种与时俱进的创新为北京的发展创造了条件。谭烈飞先生在《北京精神与文化》一书中已经做了精彩的展示，通过北京的城市发展史来看北京的创新文化，这里予以引用。[①]

一 古燕蓟

北京城市史的起点是古燕蓟。西周初年，"周武王之灭纣，封召公于北燕"（《史记·燕召公世家》），"武王追思先圣王，乃褒封……帝尧之后于蓟"（《史记·周本纪》）。由武王始封的燕、蓟两个诸侯方国为北京历史上最早出现的行政建制和城邑政权，其所建之都城，应视为北京地区最早形成的城市。

古燕城址位于房山区琉璃河镇董家林村，20世纪60年代初，地面上还断断续续保留约1米高的城墙遗迹，今仅存地下遗迹了。经考古探测，城址东西长850米，城南部由于大石河泛滥已冲成滩地，故南北长度不清，东西两面城墙各自保留其北段约300米（估计各自总长

---

① 李建平等：《北京精神与文化》，经济科学出版社2012年版，第39—56页。

应在600米以上)。城墙平地起筑,其结构分为主墙、内附墙和城外平台,主墙在城墙中心部位,宽约2.6米,内附墙在主墙内侧,城外平台在主墙外侧,低于主墙,呈平面状。作为防护设施,东、北、西三面城外均有深2米的护城壕沟。据推测,城的平面应为方形或长方形。

战国时期,燕国吞并蓟国,迁都于蓟。公元前221年,秦始皇统一中国,蓟城改为广阳郡的治所。蓟城成为中国北方的贸易中心及北疆军事重镇。汉唐蓟城(幽州城)继承了战国时期已经形成的军镇功能,并进一步发展为中原王朝的北方门户、军事基地和区域中心,为辽金时期城市地位的跃升奠定了基础。

二 金中都

北京作为都城的起点——契丹建南京,金主完颜亮迁都至燕京,改为中都。辽南京处于向都城过渡的时期,辽太宗耶律德光升幽州城为陪都南京,这标志着契丹从游牧国向农牧国的迈进,促进了契丹国家封建化进程,揭开了北京都城史的序幕。幽州城虽早就作过古燕国等都邑,唐晚期以后,安禄山、史思明、刘守光等又曾在此割据称王,但均是局部小政权,对全国影响不大。自辽以后,辽南京作为都城,在此扩建宫殿,增设官署,地位更加重要。辽末,辽南京成为辽南方的政治中心,也标志着我国的政治中心开始由西安经洛阳、开封向北京转移。从城市发展史的角度来看金中都的规划与建设具有明显的创新尝试,开始具有都城的特征,这种创新包括规划城市的格局。

一是将皇城放在居中的位置。新建的中都城周围计18.7公里,中部前方为皇城,皇城之内为宫城。辽南京的皇城偏在西南隅,金中都修建利用了辽南京(燕京)城旧地,将西、南两面城垣向外进行了扩展,这样就使中都城内皇城略居中心,占据了中都城最显赫的位置。皇城内宫城居中偏东,第一次在北京地区,展示皇权至上的思想。

二是以中轴线为依托分设都城功能。皇城四面墙各开一门,南门称宣阳门,向南正对丰宜门;北门称拱辰门,向北正对通玄门。这四门连成的一条南北线即为中都城的中轴线,主要宫殿沿这条中轴线建筑。东门称宣华门,向东正对宣曜门;西门称玉华门,向西正对灏华门。这四门连成贯穿东西向的一条横线。宣阳门内正中间为御道,御道两侧为东西千步廊。西廊之西为金廷中央首脑机关尚书省及其六部(吏、户、礼、兵、刑、工部)所在地;东廊之东为太庙,太庙之南有小广场。东、西廊的南端,分别有文楼及武楼,峙立于宣阳门内的两侧。长廊正北为东西向广场,与御道组成"T"字形,广场正北即为宫城,内有宫殿群。宫城之东、宣华门以内,南部是东苑,北部是内省。宫城之西,玉华门以内遍布湖泊、宫阙,为御苑同乐园所在地,湖泊称太液池或西华潭。在"T"字形广场西部设有登闻鼓院、登闻检院，为士民向朝廷上书的受理机关。皇城南部宣阳门之内东侧、太庙与广场之南设有来宁馆，西侧尚书省之南设有会同馆。两馆皆为接待外国使节的地方。

三是大肆兴建宫殿。金宫城周围长4500余米。宫城内有多座"宫"，如皇帝所居的昭明宫、帝后所住的隆徽宫、皇后所居的中宫、太后所居的寿康宫、太子所居的东宫、妃嫔所居的西宫（又称十六住）、皇帝办事的泰和宫等。每宫都有多座殿、阁、楼、亭等。金宫城内金大安殿遗址发掘现场多"宫殿"，总数达46座之多。宫殿之多反映出宫城的规制宏伟，在北京地区历史上是空前的。

三 元大都

到了元大都时期，作为城市的创新可以说到了前所未有的鼎盛时期，元大都城是第一次经过规划后而建造的城市，成为今日北京城市发展的基础，曾被马可·波罗誉为"世界诸城，无与能比"，"设计的精巧与美丽，非语言所能形容"，在13世纪便成为光耀四方的世界都会。中外文明在此融合交汇，使北京地区出现了商业繁荣、民族融合、文化发达的局面。

一是城市选址的创新。历史上，辽代的南京城和金代中都城大致位于今北京广安门外附近。城市依托于地表供水，主要来自今北京城西南郊的莲花池（一个天然小湖泊）。可莲花池水源毕竟有限，虽然供应辽代和金代这样的地方政权都城内部宫廷园林用水有余,但随着北京逐渐成为全国性的政治中心,水源就成为制约城市进一步发展的瓶颈。

从元朝建大都城开始,就在选址上进行了认真的研究和规划,是北京城市历史上最大的创新工程,摒弃了持续1000年左右的旧城址,向东北方向移动。利用高梁河水系,将原来的金中都的西北离宫包在了城内。这样元大都城主要依靠来自西部的玉泉山、瓮山泊(今北京颐和园昆明湖)和发源于今紫竹院公园的高梁河水。瓮山泊水循长河至紫竹院,与高梁河汇而为一,至大都和义门(今北京西直门)北水门入积水潭,水量极为丰沛;除有丰富的水源可资利用外,还因正处于永定河、潮白河冲积扇的脊部,较四周地势稍高,具有有利的防洪条件。这为以后北京城市的发展提供了基础和条件。元大都是中国古代按照一个理想的都城进行规划设计而平地新建的城市,也是唯一的一座按街巷制创建的新都城。基本理念是按照《周礼·考工记》所提出的规划方案,其主要内容是"匠人营国,方九里,旁三门,国中九经九纬,经涂九轨。左祖右社,面朝后市。市朝一夫"。元大都城的格局准确地体现了中国传统的"左祖右社,前朝后市"基本原则。左祖,即太庙的位置是在皇城之东,位置在今朝内大街以北;右社,即社稷坛,建于今阜内大街以北。元大都城的整个皇城即为前朝,皇城坐北朝南。其"后市"商业区设置在钟鼓楼、什刹海一带。宫城内的主要建筑位居南北中轴线上，南面的大明殿是皇帝处理朝政的地方。城北积水潭北岸有全市最繁华的商业市场斜街市。设计理念清晰、准确。城内道路取方格网式布置，居住区为东西向的横巷，称胡同。元大都城的主要街道呈南北向，与东西干道共同构成了五十个坊。坊内的住宅坐北朝南，用于通行的胡同和小街则沿着南北大街的东西两侧平行展开。相对的城门之间均有宽敞平直的大道。纵横交叉的街道宽窄有明确的规定：胡同六步阔，小街十二步阔，大街二十四步阔。但是在具体的规划中，又在多方面进行了创新——《周礼·考工记》描述"王城"是"方九里、旁三门"，而大都城并非正方形而是长方形，四面城墙也不等长，北面开两个门，位置与南面开三个门相互错位且不对应，这样的安排既是结合北方自然环境，也有道教理念的引入。从这样的安排中可以清晰地看到，这与地之数，阳奇阴偶相吻合。又取天数一、三、五、七、九，地数二、四、六、八、十，这些数的天地之中和为一体，即将天数的中位数"五"和地数的中位数"六"相加之和为"十一"。全城设计，共开十一门。这取象为阴阳和谐相交，衍生万物，天地和合，自然变化之道尽在其中。大都城既是天子王位所在，众生所依，自当被视为天地之正中。至于南墙开三门、为奇数，即天数；北墙开二门、为偶数，即地数。也就是说，在方位上，城南方向为天，城北方向为地，城南开三门，城北开二门，以此二三错综之数，以示天地相交，万物相合之意。

二是关于城市中心点和城市南北中轴线的设计创新。元大都城中心点的确定在流经城市水域的东端，也就是今地安门北面的万宁桥。在桥北建有中心台，这是城市东西南北的中心。经考古和城市规划专家测定，中心台距元大都南、北城垣相等，距东、西城垣接近。如果用圆周来衡量，距离大约都是半径。中心台占地约一亩，建有中心阁。这种独具匠心的城市规划在中国城市建筑史上具有突出的地位。

再就是把湖光山色，纳入城市布局的核心，这是传统设计思想的突破。整个城市的设计是以紧傍积水潭东岸，垂直南下，形成设计上的中轴线。在此中轴线上，又紧傍太液池，在东岸，建造宫城"大内"，即后来所谓紫禁城。与宫城隔湖相望，另建隆福宫，为太子所居。这一布局的结果，是太液池北部的万岁山（琼华岛）与东岸的宫城大内和西岸的隆福宫，鼎足而三，布局稳定和谐，又富有湖光山色，规模宏伟，为历来宫城设计所未有，是城市规划和建设的重大发展。侯仁之先生认为"是体现了一种回归自然的思想，也就是道家所宣扬的'人法地，地法天，天法道，道法自然'的一种具体说明。这样就形成了自然山水与城市规划的相互结合"。

四 明北京城

明代的北京城对大都城施行重大的改建，并于永乐十九年（1421）正式迁都北京。在城市的建设中进行了新的尝试——在平面布局上，明初北京城缩减了居民稀少的北部城区，将元大都北墙向南移动了五里，修建了新的北城墙，位置在今安定门和德胜门一线。明代第一次开始在建好的城墙之外再包裹一层外城，形成四重砖砌城垣，自外而内分别为：外城、内城、皇城、宫城（紫禁城）。遗憾的是嘉靖三十二年（1553），因朝廷财政困难，外城只包修了南郊，使北京城池的形状构成了"凸"字形。万岁山（景山）成为中心线的最高点。元代时这里曾经是个小土丘，称为青山，在营建城池、宫殿和园林中依据"苍龙、白虎、朱雀、玄武，天之四灵，以正四方"之说，紫禁城之北乃是玄武之位，当有山。故将挖掘紫禁城筒子河和太液池、南海的泥土堆积成山，形成五座山峰，称"万岁山"。这样就在原来中轴线严整又匀称的平面上，形成一个高潮，凭借这个巍然耸立的实体，更加显示封建帝王至高无上的尊严，使北京城市更具魅力。

五　清北京城

清朝在经营北京的过程中，其创新在于意识上的创新，而且创新的深意远远超过前代，这也是为什么一个进关不足 30 万人、生产力水平大大低于关内的民族能够经营近 300 年的原因。清廷几乎完整保留了前朝宫城。清世祖顺治元年（1644）清兵入关，依旧定都北京，除修缮宫殿、城墙外，城区基本上对明朝的宫城都没有改动，原原本本地接受，为我所用。其实不改，也是创新。在中国历史上一个新的王朝立都，无不是彻底销毁前朝的痕迹来表示改朝换代，而清朝的这种做法，也应看作是一种创新。在城市的改造中强调文化的包容。清王朝在城市的建设与改造中并不是无所作为，而是体现了强烈的创新特点。

以北海建设为例，清在北海进行总体规划，将园林景观推向高峰。清代定都北京后，仍以西苑为皇家御苑，其名称一律依旧，清代对北海的宫苑建设主要有两大活动，一即佛寺建筑的建立以白塔的修建为代表；二是江南式建筑群的建造即以漪澜堂为中心的64间房屋建筑。清代出于政治掌控的需要崇信喇嘛教，对喇嘛教推崇有加，清顺治八年（1651）顺治皇帝应喇嘛恼木汗之请，在明代广寒殿的遗址上修建喇嘛教佛塔，佛塔因其外色俗称白塔。其后因地震毁坏之故，清廷屡次进行修葺，清乾隆六年（1741）"白塔寺更名为永宁寺，其匾额以满、汉、蒙三种文字书写"，并大造佛像，使之成为皇家举行佛事活动的重要场所。江南式建筑群的建立是在乾隆三十六年（1771）皇帝南巡江南之后而建。清政府对白塔的修建与保护，显示了对喇嘛教的崇信和对崇信喇嘛教的藏、蒙等少数民族的尊重和笼络，因而获得了西藏两大宗教首领达赖、班禅的好感，获得了信奉喇嘛教的广大蒙古族部众的好感,从而达到了有力地控制信奉喇嘛教的藏、蒙古族各部众的目的,又以蒙古力量震慑中原汉人,达到国内各种力量相互制衡,从而使国内保持比较长期的和平局面。从这个意义上说白塔及其相关喇嘛教建筑的建造,可以说是清王朝一举数得的举措。

六 近代北京城

北京进入近代以来,特别是进入民国以后,千年的封建帝制被推翻,是中国历史上具有里程碑的创新,而这种创新恰恰和北京紧紧地联系在了一起。紫禁城从此不属于了皇帝,作为皇家的社稷坛,第一个开辟为公园,以后皇家建筑故宫博物院、太庙、先农坛、天坛、地坛、景山、北海、颐和园陆续对民众开放。普通百姓可以出入,封闭的城市开始引进近代化的观念、技术和设施。北京的皇城和道路改造也是城市改造的重要方面。北京的皇城位于内城正中,周长9000多米。大规模改造主要体现在城墙的部分拆除和城门的增辟上。北京皇城的正南为大清门,1912年改为中华门。东南为长安左门,西南为长安右门,1912年拆除,仅剩门阙,俗称三座门。右侧开辟南池子门、南长街南端开辟南长安街门、府右街南端开辟灰厂墙门以及南河沿、翠花胡同、宽街、厂桥、五龙亭等处皇城便门,打通了皇城四周的交通。东安门于1924年拆去。西皇城墙1917年开始拆除。东皇城根、北皇城根拆于1924—1927年。至此,皇城城墙仅存太庙以西天安门至北新华街一段,昔日的雄伟风采一去不返。

从古燕蓟到金中都到元大都到明清北京城再到近代,北京城市的发展无疑是首都创新文化与时俱进的最好佐证。正如中共中央、国务院批复的《北京城市总体规划(2016年—2035年)》中强调的一样,北京城市的发展要"留住历史,迎接未来"。未来的北京,首先是一个胡同清幽、京燕掠空的"老北京";同时又是一个不断超越、创新不断的"新北京"。

第三节 不断超越

历史上的北京城与时俱进,中华人民共和国成立后的北京城仍在不断超越。无论是城市建设,还是中关村的发展,抑或是奥运会中的点滴瞬间,都是北京创新文化传承超越的重要体现。

一 不断创新超越的城市总规

当代北京最伟大的创新莫过于1949年北平和平解放以后,中国人民政治协商会议通过"将中华人民共和国国都定于北平,北平改为北京"的决议。作为新中国的首都,北京的城市规划建设也经历了复杂多变的历程,从中可以清晰地看到北京城市功能的不断创新。从中华人民共和国成立至今,共有9个版本,分别是:(1)

1953年的《改建与扩建北京市规划草案》;(2)1954年《改建与扩建北京市规划草案》修改版;(3)1957年的《北京城市建设总体规划初步方案》;(4)1958年的《北京城市建设总体规划初步方案》的修改版;(5)1973年的城市总体规划方案;(6)1981年的《北京城市建设总体规划方案》;(7)1991年的《北京城市总体规划(1991年—2010年)》;(8)2004年的《北京城市总体规划(2004年—2020年)》;(9)2017年的《北京城市总体规划(2016年—2035年)》[①]。这9版总体规划,分别制订于20世纪50年代、80年代、90年代和21世纪初,集中反映了中国现代城市规划在不同时代的指导思想、实践手段以及实施结果,每个规划版本都是对上个版本的反思和创新提升。

具体来看。1949年之前,北京是一个纯粹的消费性城市,工业几乎空白。中华人民共和国成立后,提出"把消费城市变成生产城市"的口号。从1953年《改建与扩建北京市规划草案》到1958年《北京城市建设总体规划初步方案》,都贯彻了这一指导思想。后来随着北京城市迅速发展,一些问题也逐渐暴露出来,最突出的就是城市拥挤、污染严重。在中央书记处"四项指示"的要求下,1981年的《北京城市建设总体规划方

[①] 李东泉、韩光辉:《1949年以来北京城市规划与城市发展的关系探析——以1949—2004年间的北京城市总体规划为例》,《北京社会科学》2013年第5期,第144—151页。

案》明确，北京的经济发展，尤其是工业的发展，不能与政治中心、文化中心发生矛盾，要发展"适合首都特点的经济建设"。此外，强调在注意保护、继承和发扬旧城原有的独特风格和优点的同时，又要有所创新，体现出作为社会主义新时代人民首都的新格局。20世纪80年代末90年代初，为了适应形势的需要和促进社会主义市场经济发展，北京市政府在城市总体规划中，除了"北京是伟大社会主义中国的首都，是全国的政治中心和文化中心"外，还加上了"世界著名的古都和现代国际城市"，在城市性质上体现了对外开放建设国际城市、进一步提升历史文化名城的地位。进入21世纪后，为实现首都经济社会的持续快速发展，2004年的《北京城市总体规划（2004年—2020年）》进一步明确21世纪城市发展目标和主要职能，将北京城市发展目标确定为国家首都、世界城市、文化名城、宜居城市。其中世界城市目标的提出，可以说是北京面对全球政治、经济、文化格局变化，在深刻把握中国自身发展趋势的基础上进行的一大创新。

到了2017年9月27日，《北京城市总体规划（2016年—2035年）》获得了中央和国务院的批复，这是国内首个规划周期覆盖至2020年之后的城市总体规划，是第一个由中央直接指导完成的已建成城市的未来规划，也是全国第一个明确提出"减量发展、人口红线"的城市，是我国在新时期城市发展的又一次重要创新。

新总规强调了北京是中华人民共和国的首都，是全国政治中心、文化中心、国际交往中心、科技创新中心。北京城市的规划发展建设，要深刻把好"都"与"城"、"舍"与"得"、疏解与提升、"一核"与"两翼"的关系，履行为中央党政军领导机关工作服务，为国家国际交往服务，为科技和教育发展服务，为改善人民群众生活服务的基本职责。

相比较之前的规划，新总规归纳来看，又有了以下理念的超越：变化之一，落实国家京津冀协同发展战略，将"京津冀"独立成章，城市群内寻求区域协调发展。旧规主要以中心城为中心建设周边新城，而新总规从更加宏观的角度提出了"城市群"的概念，明确建设以首都为核心的世界级城市群的目标，完成了从"都"到"城"再到"群"的转变和发展。

变化之二，强调了首都核心功能担当，北京致力"强化""疏解"。在新总规中，明确了作为首都，北京需要走出一条功能清晰、分工合理、主副结合的发展道路，坚决疏解不符合首都角色的功能，重组核心区功能，打造以北京城为核心，北京市副中心通州新城和雄安新区为双翼的"一核两翼"的空间结构，开创了北京未来发展的新格局。

变化之三，城市"副中心"雏形初具，打造和谐宜居之都示范区。相比较旧规中把通州视为一个组团，在新总规中，首次明确了推进北京城市副中心——通州新城的规划建设，打造国际一流的和谐宜居之都示范区。

变化之四，"科技创新"定位引领高端经济产业，北京未来将成科技人才之都。在科技创新中心的最新城市定位下，"创新"在新总规中的提及次数较旧规明显增多，北京创新文化的重要位置得以强化。以中关村科学城、怀柔科学城、未来科学城、创新型产业集群和"中国制造2025"创新引领示范区——"三城一区"为主平台，优化科技创新布局，建立健全科技创新成果转化引导和激励机制，辐射带动京津冀产业梯度转移和转型升级。

变化之五，历史文化保护终落地，文化自信彰显大国首都形象。"三山五园"见证变迁，文化"金名片"留存价值，文化保护重塑首都文化魅力。新总规把历史文化名城的保护上升到了更高层面，构建了四个层次、两大重点区域、三条文化带、九个方面的历史文化名城保护体系：构建老城、中心城区、市域和京津冀四个空间层次，建设老城和三山五园两大重点区域，制定大运河文化带、长城文化带、西山永定河文化带的保护利用以及九个文化遗产保护传承与合理利用政策，加强城市设计与景观规划、展现中国文化自信与首都文化魅力。其中，从"旧城"到"老城"，新总规一字之变意味深长。以往一说"旧城"，就想起大规模"旧城改造"。从字面上讲，"老"比"旧"更有历史感。家有一老如有一宝，"老"字代表的是认识程度的提高。说"老城"，是对城市历史积淀的尊重,是一种价值的认可和体现。老城肩负北京历史文化保护与发展的职责和使命,用"老城"替代"旧城",反映了首都在城市规划理念、发展战略和发展模式上的转变,是对过去规划理念的一种超越。

二 中国最创新"村"的成长——中关村

中关村敢为天下先的创新文化正是北京不断超越的创新文化代表。中关村创新文化具有鲜明的特色。中关村地区是中国近代高等教育的发源地,中国现代高等教育、科技研发的密集区,也是中国优秀传统文化与世界先进思想文化交融的区域。北京大学在五四运动时期喊出的"民主、科学"口号、清华大学"自强不息,厚德载物"的校训、中华人民共和国成立后中国科学院科研人员"刻苦攻关、勇攀高峰、为国争光"的精神,都深深地扎根于中关村。这种追求真理、自强不息、科技报国的文化形成了中关村地区民主、科学的氛围,推动了教育和科研事业的发展。

1978年我国刚刚吹响改革开放的号角之时,未来的图画并不十分清晰,每个人的包袱不只是背在肩上。因此,对经济体制改革的概述,从"社会主义计划经济"到"有计划的商品经济",最后到"社会主义市场经济",几个字的变化却经过了十几年的历程。科技体制改革也是如此,"科学技术必须面向经济建设,经济建设必须依靠科学技术"的方针明确了方向,可科技与经济"两张皮"的状况却长期没有得到彻底改观。

图 2—3 中关村"生命"地标(作者摄)

1978年3月,中共中央在北京召开全国科学大会。时任中共中央副主席的邓小平在会上发表重要讲话,明确指出,科学技术是生产力,知识分子是工人阶级的一部分。

不断解放思想，破除旧观念的束缚。在中国改革开放初期，面对计划经济时期传统观念的长期束缚，中关村人率先提出了"铁饭碗还是泥饭碗""找市长还是找市场"的疑问，以陈春先为代表的一批科技知识分子以"惊人的一跳"搅乱中关村一池平静的春水：以自主经营、自负盈亏、自筹资金、自由组合的"四自"原则下海经商，从此有了"中关村电子一条街"。在中央的大力支持下，北京创建了"北京新技术产业开发试验区"，开全国高新技术产业开发区之先河。1988年5月，经国务院批准，市政府印发了《北京市新技术产业开发试验区暂行条例》（以下简称《暂行条例》）。《暂行条例》规定："以中关村地区为中心，在北京市海淀区划出100平方公里左右的区域，建立外向型、开放型的新技术产业开发试验区"，在北京市新技术产业开发试验区内注册的高新技术企业可以享受《暂行条例》所规定的国家各项优惠政策。由此，中国第一个国家级高新技术产业开发区正式成立。之后三年，中关村出现第一个创业高潮，平均每年出现新技术企业约300家。

邓小平1992年的南方谈话坚定了中国的市场化改革方向，1992、1993连续两年每年新增高新技术企业1000余家，形成了中关村的第二个创业高潮。面对世界新技术革命浪潮的巨大冲击，中关村人又提出了"科技创造财富"的口号，率先探索在中国实现科技成果转化和产业化的模式。

1999年6月，国务院对科技部、北京市政府报送的

《关于实施科教兴国战略加快建设中关村科技园的请示》做出《关于建设中关村科技园区有关问题的批复》,原则同意关于加快建设中关村科技园区的意见和关于中关村科技园区的发展规划。同年8月,北京市新技术产业开发试验区更名为中关村科技园区。

进入21世纪,在中国工业化取得长足进展的时候,中关村人又提出了"率先从'中国制造'向'中国创造'迈进"的誓言。2003年,园区实现增加值600亿元,同比增长17%,相当于全市GDP总额的16.7%;实现技工贸总收入2852.5亿元,上缴税费122.2亿元,分别是1999年的2.7倍和3.1倍。中关村仍然是巨大的政策试验场,2000年底北京市人大通过了《中关村科技园区条例》,适应了当时改革的要求,提出多方面的政策突破。

2009年3月,国务院印发《关于同意支持中关村科技园区建设国家自主创新示范区的批复》,明确中关村科技园区的新定位是国家自主创新示范区,目标是成为具有全球影响力的科技创新中心,并同意在中关村示范区实施股权激励、科技金融改革创新等试点工作。中关村成为中国首个国家级自主创新示范区。

同年,中关村核心区出台"1+20"政策,构建了涵盖支持创新创业持续发展、加强服务平台体系建设、促进中介服务机构提升等完整创新创业支持政策体系;2012年,核心区在"1+20"政策的基础上,进一步整合政策条款，梳理政策板块，修订形成了"1+10"政策体系，聚焦政策支持的重点方向。2013年9月30日，中共中央政治局第九次集体学习选择在中关村举行，中共中央总书记习近平发表重要讲话。习近平在讲话中指出，中关村已经成为中国创新发展的一面旗帜，面向未来，要加快向具有全球影响力的科技创新中心进军。2013年底，核心区重新梳理支持创新创业的政策体系，并探索建立了核心区技术创新项目市场化评价机制，构建支持方向聚焦化、支持方式市场化、支持领域特色化、支持对象普惠化、支持标准规范化等"五化"特色的"1+1+4"政策体系。2015年5月7日，国务院总理李克强现身北京中关村创业大街，分别到访了拉勾网、3W咖啡等创业公司，与创业者交谈，新时期的中关村又成为广大创业者的天堂，创业氛围浓厚，创业蔚然成风。

调整后的中关村示范区空间规模已经扩展为488平方公里，形成了包括海淀园、昌平园、顺义园、大兴—亦庄园、房山园、通州园、东城园、西城园、朝阳园、丰台园、石景山园、门头沟园、平谷园、怀柔园、密云园、延庆园等16园的"一区多园"发展格局。

纵观改革开放以来，中关村示范区的建设和发展一直得到党中央、国务院高度重视，先后多次做出重大决策部署。中关村已经成为北京科技创新的策源地，首都创新文化的名片之一。中关村继承了优秀传统思想文化，同时又不断超越赋予新的内涵，从而推动首都创新文化的发展。

第四节 成就卓越

北京的创新文化在传承超越中，收获了累累硕果。无论是世界还是国内的各种创新排名中，北京的创新成就斐然，均名列前茅。在全国科技创新中心建设的大目标下，一批具有国际影响力的成果表征着北京创新文化的卓越成就。

一 国内外排行中的"创新北京"

1. 机遇之都评价（2016）

普华永道两年一次，选取世界上30个有代表性的城市，发布机遇之都评价报告，通过全方位的比较来判断城市未来的发展机遇。2016年的《机遇之都7》（Cities of Opportunity）是系列报告的第七本。美国普华永道的机遇之都评价中的"创新机遇"指标，侧重于城市的创新投资环境评价。样本为全球30个主要城市，包括两大类（智力资本与创新；技术成熟度）12项指标。智力资本与创新大类考察：公共图书馆、学生数学/自然科学技能获得、识字水平、高等教育人口比重、世界大学排名、创新城市指数、知识产权保护、企业家环境。技术成熟度大类考察：网络可达性、宽带质量、数字经济、软件发展和多媒体设计。

在普华永道发布的《机遇之都7》中显示，中国入选的三座城市——北京位居第19、上海第21，香港第

9。报告指出"机遇之都"的桂冠属于那些能够切实满足市民需要,专注均衡和可持续发展模式的宜居城市。北京位居第19,在10个维度中,北京有3项得分跻身前15,并在门户城市和经济影响力这两个维度中高居第3。与《机遇之都6》的调研相比,北京在智力资本、创新和技术成熟度方面均取得了显著的进步。

2. 全球实力城市评价(2015)

日本森纪念财团城市战略研究所的全球实力城市评价中的"城市研发"指标,侧重于城市的科技创新能力评价。样本为全球40个主要城市,包括三大类(学术资源、研究环境、研发成果)10项指标。学术资源大类考察:研发人员数量、世界前200名大学数量、全球前300企业数量。研究环境大类考察:学生数学/自然科学学术成就、接纳国际研究人员的意愿、研发经费、创作环境。研发结果大类考察:产业专利注册数、科学/技术领域获奖者数量、研究者的交流机会。北京总体排名第17位,经济指标位居全球第4位,文化交流居于全球第9位,各项指标皆为中国城市之首。

3. 全球创新城市评价(2015)

澳大利亚2Thinknow的"创新城市"指标,侧重于城市的文化创意能力的评价。样本为全球442个城市,包含三大类(文化资产、软硬件基础设施、市场网络)31小类160项指标。文化资产大类考察:文艺社区、民间组织、博物馆、音乐节庆、艺廊、图书、传媒、信息可得性、体育活动等。软硬件基础设施大类考察：公共交通、金融、大学、医疗、铁路公路、法律、商业、创新、健康和通信的软硬件。市场网络大类考察：城市在全球市场中的实力与联系，考虑地理因素、进出口等经济、市场规模、地缘政治条件与外交。澳大利亚研究机构 2Thinknow 发布的《2015 全球创新城市指数》对全球442 个城市的创新能力进行了评价，将他们划分为创新枢纽城市、创新中心城市、创新节点城市、创新辐射城市和创新升级城市 5 个等级，伦敦、旧金山、维也纳居全球前 3 名。北京排在全球第 40 位，属于第一等级创新枢纽城市，是亚洲片区重要的核心创新枢纽。

4. 中国区域科技进步评价（2015）

《中国区域科技进步评价报告（2015 年）》显示，北京作为全国乃至全球科技创新中心的实力和地位已初步显现，其人力资本和研发机构的集聚水平、创新投入的强度、知识创造的规模、技术成果扩散的溢出效应、对周边地区的辐射能力均遥遥领先于其他地区。

5. 中国城市创新能力评价（2015）

《中国城市创新能力报告（2015）》从创新基础条件与支撑能力、技术产业化能力和品牌创新能力三个维度，选取了 25 项指标来构建城市创新能力评价体系；然后通过对全国 659 个城市相关指标数据的采集、处理和计算分析得出评价结果。北京创新能力位居第 1 位。

从这些国内外创新排行中可见，北京的创新能力在国内独占鳌头，但在全球范围内仍有较大的发展空间，首都创新文化的培育无疑将助推北京创新能力的建设。

二　历史长河中璀璨的创新成就

谭烈飞先生在《北京精神与文化》一书中对北京历史上的诸多创新成就也做了阐释，证明了创新在北京发展史上的作用与影响力，正如他在书中第二章"创新——北京精神的精髓"中提到："北京科技史就是创新的历史，对北京经济发展和社会进步以及在强化北京的历史地位上成果显著"[①]。以下的这些成果在其书中有更翔实的说明，这里采撷片段，以飨读者。

1. 在北京形成了影响历史进程的学派、流派

作为学术之都的北京，具有敢为人先的开拓传统，特别是在思想文化领域，无论是乾嘉学派、戊戌思潮、新文化运动，还是马克思主义的传播，北京总是走在时代的前列，引领着创新的大潮。乾嘉学派对传统文化的总结：乾嘉学派的学者参与历史经典的书籍编纂与整理。其中"四库全书"的编纂，对于总结我国传统文化的意义特别重大。乾嘉学派对于经学的潜心整理与研究，尤称专精。无论是本经的疏解、训诂笺释、校勘、辑佚和辨伪，还是群经的通释，都取得了超越前代的成就。

[①] 李建平等：《北京精神与文化》，经济科学出版社2012年版，第67—76页。

戊戌思潮对社会历史的推动作用：戊戌思潮的代表人物提出了崭新的民族主义、爱国主义概念，宣扬近代资产阶级的国家学说，大大加快了国民觉醒的步伐和解放思想的进程。戊戌解放思想的热潮具有广泛的群众性。康有为、梁启超等人在批判封建糟粕，吸取西学精华的同时，建立了一整套变法理论体系，这一体系通过上书、组织学会、创办报刊、建立学堂等各种渠道在社会上广为传播。戊戌变法时期，维新派系统、通俗地宣传培根、达尔文等人的学说，整理和介绍了欧美社会学说和自然科学的发展史，还将西方资产阶级国家制度及学说系统化，并介绍给中国知识分子和官僚界。这些制度、学说、思想大大地开阔了中国人的眼界。戊戌思潮在中国思想史上第一次打破了封建主义思想体系的一统天下，掀起了中国近代史上第一次思想解放的热潮。

五四新文化运动的历史意义：五四新文化运动使中国现代文化选择发生了重大转折，其主要特色是，在学习西方先进文化的基础上，以民主与科学为武器，革新中国特色的传统文化，探求中华民族独立解放和崛起的道路，进而接受马克思主义的指导，为马克思主义在中国的传播创造了广泛的群众基础。

2. 富有深厚影响的文化成就

静琬与云居寺的刻经。隋唐时期，静琬为防止"灭法"对佛教的重大损害，以一种创新的方式，在涿郡白带山，镌刻石质佛经。到唐代武德年间（618—626年），经由静琬主持刊刻的石佛经已经完成有《涅槃经》《华严经》《法华经》《金刚经》《佛遗教经》《弥勒上生经》《维摩经》《胜鬘经》等。到了唐太宗贞观五年（631），静琬又在这里创建了云居寺，以便在刊刻石佛经的同时，向民众宣扬佛法。由于刊刻的石佛经越来越多，为了长期保存这些石经，于是在石经山上开凿石室，用于贮藏石经，每装满一室，即以石塞门，用铁封闭。到贞观十三年（639），静琬逝世后，其弟子玄导、惠逻、玄法等人仍然坚持从事这项工作，刻经不辍。此后辽、金、元、明各代，刻经工程持续不断，终于成就了一项巨大的文化工程。今天传世的云居寺石佛经计14278块，为中国乃至全世界独一无二的文化瑰宝。

元曲。自元代以来，文化的发展和创新离不开北京这个特殊的地区。元曲是中华民族灿烂文化宝库中的一朵奇葩，它在思想内容和艺术成就上都体现了独有的特色，和唐诗宋词鼎足并举，成为我国文学史上三座重要的里程碑。其中关汉卿、马致远、王实甫等人的成就最高，有据可查关汉卿、马致远都是大都人。关汉卿创作题材宽广，编有杂剧67部，现存18部。其中《窦娥冤》《救风尘》《望江亭》《拜月亭》《鲁斋郎》《单刀会》《调风月》等，是他的代表作。马致远创作的元曲意境高远，形象鲜明，被誉为元散曲中的第一大家、"曲状元"和"秋思之祖"。"枯藤老树昏鸦，小桥流水人家，古道西风瘦马，夕阳西下，断肠人在天涯"，这首小曲至今仍脍炙人口。

第二章 传承超越的创新文化

图 2—4 云居寺（作者摄）

"四库全书"《古今图书集成》。"四库全书"编纂前后经历了近 20 年，乾隆时期的许多著名学者参与此项工作。"四库全书"包括存书 3470 部，总计 79018 卷，装成 36300 册。此外，还有《四库全书总目提要》200 卷，《四库全书考证》100 卷，《四库全书简明目录》20 卷。全书内容分经、史、子、集四大部。"四库全书"书籍的来源，有的是宫中所藏，有的是清代人自编的，更多的则是各省搜求缴进的和私人藏书献出的，还有相当一部分是从《永乐大典》辑出的佚书。纂修"四库全书"是对我国传统文化的一个大总结。

近代新式学堂、新办学校的出现。1862 年洋务派创办第一所新式学堂——京师同文馆，标志着近代新学堂的兴起和中国近代新式教育的开端。继同文馆之后，洋务派创办了一大批新式学堂。这些新式学堂与传统的教育形式相比，为中国的教育史注入了近代化的因子和新鲜血液。首先，在教育目的上有了很大的区别。培养迂腐士子的传统教育被"富国强兵"的洋务教育所取代。洋务派有针对性地培养海防所需要的各种人才已成为当务之急。在此目的下创办的洋务新式学堂对整个近代中国的政治、经济、教育乃至思想文化等方面都产生了深远的影响。其次，在办学管理模式和教学内容上，有了近代化的特色。在管理和教学方法上也借鉴了西方学校近代教育的一些特征。再次，在招生标准与选拔方式上也有了新的突破。只要学生"读过两三经，能作小讲半篇或全篇者"即可入学。洋务运动从教育思想及教育实践上实现了对传统文化教育向近代转型的第一次跨越。最后，在师资上，聘请了外籍教师。京师同文馆设于总理各国事务衙门内东部，称为东所。同文馆建立后，一批新式教育的学校也随之创办。

3. 沿用至今的卓越科技成就

通惠河。元代天文学家与水利专家郭守敬，为真正解决大都城的水源问题，主持勘测、修建通惠河的漕运工程。郭守敬在实地考察的基础上，引昌平白浮泉水，西折南转，汇集西山大小水流来增加河水水量。经瓮山泊（今昆明湖）汇入海子（今积水潭），再由海子出万宁桥，沿皇城东墙外南出丽正门东水关，向东至通州与大运河相通。总长度达82公里。因大都城地势高出通州20多米，

第二章 传承超越的创新文化

因此在沿途设有多处水闸来调节水位落差。1293年工程竣工后,忽必烈回大都,路过积水潭见"舳舻蔽水",龙颜大悦,赐名为"通惠河"。通惠河的开通,使南方的物资可直达大都城海子码头,促进了大都城的繁荣。郭守敬先后研制了20多种天文仪器,其中观测赤道坐标的简仪,比欧洲同类仪器早400多年。他主持编制的《授时历》,以365.2425天为一年,比地球绕太阳一周的实际时间只差26秒。《授时历》的精度与现在的公历相同,而应用比公历早300年。同时,他于至元十二年(1275)提出了"海拔"的概念,比德国高斯早553年。

图2—5 白浮泉遗址——九大泉碑(作者摄)

京张铁路。20世纪初，清政府酝酿修筑京师至张家口的铁路。为了争夺京张铁路的修筑权，英、俄等国之间展开了激烈角逐。此时，国内正掀起"收回路权"的爱国运动。清廷决定由国家自筹资金，由中国自己的铁路工程师詹天佑主持勘测、设计、施工。1905年，这条全长200公里的铁路动工兴建。经过4年的艰苦勘测和施工，1909年10月，京张铁路竣工通车。这是由中国人自行设计修筑的第一条铁路，是中国近代铁路史上的一个重要里程碑。此后，以北京城为中心又陆续修筑了多条铁路，将北京与满洲、内蒙古及中国中部与南部联结起来，北京成为联系四方的全国铁路交通枢纽。该段线路复杂，多为崇山峻岭，帝国主义分子攻击中国人自己修京张铁路是"自不量力"。詹天佑顶住来自国内外的压力，亲自带领工程人员到现场勘察、设计，共勘测三条线路，最后选定从西直门，经沙河、南口、居庸关、八达岭、怀来、鸡鸣驿、宣化到张家口的线路，全长180公里。京张铁路全线峰峦叠嶂、悬崖峭壁，工程难度极大。其中工程最艰巨者为八达岭隧道工程，詹天佑采用了直井开凿、分段施工的方法，加快了工程进度。他还创造性地运用了"折返线"原理，在山多坡陡的青龙桥段修筑了一段"人"字形线路，使八达岭隧道长度减少一半。

三 全国科技创新中心最新成就彰显

历史上亮眼的科技成就是首都创新文化建设的基础，全国科技创新中心建设卓越成就则是首都创新文化在传统继承和发扬创新基础上的不断体现。

2016年9月18日，《北京加强全国科技创新中心建设总体方案》（国发〔2016〕52号）发布，这份目标指向2030年的总体蓝图标志着北京的创新发展进入了新阶段，富有卓越成就的首都创新文化翻开了新篇章。根据方案，北京全国科技创新中心的定位是全球科技创新引领者、高端经济增长极、创新人才首选地、文化创新先行区和生态建设示范城。发展目标是：到2017年，科技创新动力、活力和能力明显增强，全国科技创新中心建设初具规模；到2020年，全国科技创新中心的核心功能进一步强化，科技创新能力引领全国；到2030年，全国科技创新中心的核心功能更加优化，为中国跻身创新型国家前列提供有力支撑。

根据方案中的目标设定，2017年就是国家对北京市建设全国科技创新中心的一次大考。得益于本市围绕全国科技创新中心建设所推进的多项改革和创新，2017年一批重量级原始创新成果在北京涌现。在《国务院办公厅关于对2017年落实有关重大政策措施真抓实干成效明显地方予以督查激励的通报》中，北京市因实施创新驱动发展战略、推进自主创新、促进科技成果转移转化、落实国家科技改革与发展重大政策等成效显著,受表彰并获得相应激励。①

2017年,北京地区研发经费投入强度达到5.7%,居全国首位;获得国家科学技术奖共计78项,约占全国通用项目获奖总数的36.1%;地区综合科技创新水平位居各省区首位。北京以"三城一区"为主平台,以重大项目和科学工程为抓手,确定了215个工作任务和重点项目,经第三方机构跟踪评价,完成率超过96%。北京出台了支持建设世界一流新型研发机构实施办法,探索与世界接轨的科研管理与运行机制,启动全球健康药物研发中心、北京量子信息科学研究院、脑科学与类脑研究中心等研发机构建设。北京市出资200亿元,设立科技创新基金,吸引社会资本共同投资高端"硬技术"创新,计划在5年内力争规模达到1000亿元以上。另外,北京发布高精尖产业标准和产业类别目录,促进和培育新一代信息技术等10个重点产业发展。

更为重要的是涌现了一批重量级原始创新成果。如在世界上首次发现三重简并费米子,率先完成酿酒酵母12号染色体的设计与人工化学合成,研制出全球首个商用"深度学习"神经网络处理器"寒武纪",研制出可实现自由状态脑成像的微型显微成像系统……2017年中

---

① 任敏:《北京推动科技创新成效获国务院表彰》,http://bjrb.bjd.com.cn/html/2018-05/17/content_248661.htm,2018年5月17日。

国科学十大进展在京发布，其中九项成果都与北京密切有关。以下为几项标志性成果：

实验发现三重简并费米子。继"拓扑绝缘体""量子反常霍尔效应""外尔费米子"之后，最近中国科学院物理研究所/北京凝聚态物理国家实验室（筹）的科研团队在拓扑物态研究领域又取得了重大突破，首次观测到三重简并费米子，为固体材料中电子拓扑态研究开辟了新的方向。这一研究成果于2017年6月19日在线发表在Nature上。该文中使用角分辨光电子能谱来证明在结晶磷化钼的电子结构中存在三重简并费米子。超出常规的狄拉克—维尔—马勒那亚分类，将狄拉克和韦尔费米子分别归因于四和二折退化点。同时观察到与三重简并费米子共存的晶体的散装电子结构中的Weyl点对。该项研究从理论预言、样品制备到实验观测的全过程，都由我国科学家独立完成。这种材料代表了研究不同类型费米子之间相互作用的平台。实验发现开辟了一种探索冷凝物系统中非常规费米子的新物理学的方法。

率先完成酿酒酵母12号染色体的设计与人工化学合成。清华大学生命科学学院戴俊彪研究组成功实现了酿酒酵母（Saccharomyces cerevisiae）12号染色体的人工设计与合成。人工酿酒酵母的12号染色体是目前世界上发现的最长真核线性染色体，全长为976067个碱基。12号染色体的合成不仅表明我们能设计并构建获得含有百万级碱基的合成染色体，实现对高度重复的编码核糖体

RNA 基因簇进行编辑与操控，奠定了未来对其他超大、结构超复杂的基因组进行设计与编写的基础，同时也证明了酵母基因组中编码核糖体 RNA 区域及其他序列均具有惊人的灵活度与可塑性。

研制出全球首个商用"深度学习"神经网络处理器"寒武纪"。中国科学院计算技术研究所发布了全球首个能够"深度学习"的"神经网络"处理器芯片，名为"寒武纪"。深度学习处理器，就是给电脑创造出模仿人类大脑多层大规模人工神经网络的芯片。在深度学习处理器的运行当中，计算系统的运算能力提升是决定深度学习处理效率的关键。而中科院计算所此次发布的"寒武纪"处理器，比"AlphaGo"所使用的处理器在性能上提升两个数量级，也就是说，它能够让人工智能跑得更快、更远。这项成果已经正式投入产业化生产。在不久的未来，反欺诈的刷脸支付、图片搜索等都将更加可靠、易用。

研制出可实现自由状态脑成像的微型显微成像系统。北京大学生物膜与膜生物工程国家重点实验室程和平及陈良怡研究组与电子工程与计算机科学学院张云峰和王爱民等合作，运用微集成、微光学、超快光纤激光和半导体光电子学等技术，在高时空分辨、体成像系统研制方面取得突破性技术革新，成功研制出2.2克微型化佩戴式双光子荧光显微镜，在国际上首次记录了悬尾、跳台、社交等自然行为条件下，小鼠大脑神经元和神经突触活动的高速高分辨图像。此项突破性技术将开拓新的研究范式，在动物自然行为条件下，实现对神经突触、神经元、神经网络、多脑区等多尺度、多层次动态信息处理的长时程观察，这样不仅可以"看得见"大脑学习、记忆、决策、思维的过程，还将为可视化研究自闭症、阿尔茨海默病、癫痫等脑疾病的神经机制发挥重要作用。

……

以上不过是北京卓越创新成就的一些片段缩影，北京创新文化已经孕育出太多硕果，但这仍然意味着新的征程。未来，北京推进建设科技创新中心的工作，将重点服务保障国家实验室在京布局，继续积极承接国家科技重大专项、重大科技基础设施项目和工程，深入实施北京技术创新行动计划，在依托创新平台集聚全球顶尖人才的同时，完善人才激励和服务保障机制，培养国际前沿科学家、科技领军人才、企业家。继续推进"三城一区"的发展，培育具有国际竞争力的产业创新体系，打造具有全球影响力的创新型产业集群，加快推进京津冀协同创新、全面服务"一带一路"建设、长江经济带等国家倡议战略，初步建成全球创新网络枢纽，为首都成就卓越的创新文化再添新的功勋章。

第三章　居高致远的创新文化

北京在创新文化发展方面具有得天独厚的优势，居高致远的站位，引领国家创新风气之先。主要表现在北京高校和科研机构聚集，在科学技术研究创新方面居于领先地位；北京科技创新型企业众多，在科技成果转化方面具有优越性。这些富集的要素，兼具国家高度和国际视野，更面向全国乃至世界引领创新创意风潮，构成北京城市发展的持续动力之源。

第一节　要素富集

首都创新文化源于北京深厚的创新要素积淀，北京市已经成为中国创新资源最集聚、创新要素最密集、创新成果最富集、创新动能最强劲的城市。总体来看，北京市围绕城市发展重大需求，在创新投入、知识产出、产业结构、"双创"活力等方面均取得重大提升，表现突出。2018年7月3日，由北京市人民政府新闻办公室、北京市科学技术委员会联合发布"首都科技创新发展指数2018"显示：从2005年至2016年，"首科指数"增长态势明显，首都科技创新发展水平不断提高，支撑首都经济社会发展成效显著。总指数得分从2005年的60分增长到2016年的114.44分，总体增幅达54.44分，年均增长4.95分。

一 创新资源最集聚

截至2017年，北京市拥有普通高等院校89所，其中包括北京大学、清华大学、中国人民大学、北京师范大学等全国著名学府。全年本专科在校生达到57.7万人。北京拥有世界第三、亚洲第一大图书馆，北京大学图书馆、中国科学院国家科学图书馆也是亚洲较大的图书馆之一。在教育部官方网站公布的世界一流大学和一流学科（简称"双一流"）建设高校及建设学科名单中，一共有137所入选，其中北京市占据了近25%，包括8所"一流大学"建设高校，23所"一流学科"建设高校；在之前的985、211序列中，北京也有8所985高校，24所211高校。从质量上看，北京高等院校的水平在全国高居榜首，整体高校数量也位居前茅。北京是全国最大的人才培育基地。北京的重点高校占全国的1/4，研究生院占全国的1/3；北京培养的博士生和硕士生规模分别占全国总量的1/3和1/5。

中央和地方各类科研院所400余所，国内28%的国家重点实验室、33%的国家工程研究中心、45%的国家重大科学工程、30%的国家重点学科设在北京。仅就市属科研院所情况来看，北京有40多家市属公益院所和40多家发展较好的转制院所，分布在电子、机械、能源、食品、环境保护、农业、医学等多个领域。这些创新资源既是北京的资源更是国家的资源，建设全国科技创新中心，就是要把这些资源进行聚合，甚至混合、协同发生聚变效应。

二 创新要素最密集

人才、资本、技术等创新要素是全国科技创新中心建设最核心的要素。截至2017年，北京各类研发人员约37万人，在京"两院"院士785人，占全国的1/2左右；北京入选全球高被引科学家数达到72人；吸引"千人计划"人才1658人，约占全国的1/4；入选"万人计划"人才682人；"海外高层次人才聚集工程"人才916人；"高层次人才创新创业计划"人才428人；"北京学者计划"人才42人；"首都科技领军人才培养工程"人才210人；"北京科技新星"人才2275人。每万劳动力中研发人员从2010年的187.78人年增长至2014年的212.14人年，增长12.97%，研发人员比重持续稳步增长。持续的投入使得北京创新资源的存量和增量均有提升。

在资本投入方面，北京全社会研发支出占地区生产总值比重从2010年的5.82%增长至2014年的5.95%，高居全国第一；吸引了全国80%的天使投资人，拥有股权投资基金管理机构近1000家，管理资本总量超过1万亿元，居全国首位。为北京市创新发展打下坚实基础。

三 创新成果最富集

"十二五"时期，北京着力推动知识创新，产生了一批具有世界影响力的原创性科学和技术成果，日益成为国家和全球新思想、新知识、新技术的策源地之一。数据显示，北京每万人发明专利申请数从2010年的17.1件增长至2014年的36.3件，每万人发明专利授权数从2010年的5.7件增长至2014年的10.8件，每万人PCT国际专利申请量从2010年的0.65件增长至2014年的1.68件。同时，北京不仅注重自身知识竞争力提升，还充分发挥了知识产出的辐射引领作用，技术合同成交总额从2010年的1579.5亿元增长至2014年的3136亿元，占同期地区生产总值比重也从9.0%增长至9.46%，知识溢出效应显著提升。2015年，北京市专利申请量和授权量，分别同比增长13.2%和25.9%。而且这些成果逐渐从跟跑向并跑和领跑转变，涌现出一批具有国际影响的原创性成果，越来越多的创新成果正在从"跟跑者"向"并跑者"和"领跑者"跨越。

围绕全国科技创新中心建设，北京着力打造"中关村科学城、怀柔科学城、未来科学城"和"亦庄经济技术开发区",这"三城一区"已经成为北京科技创新成果涌现的主平台和主战场。其中,中关村科学城原始创新策源地作用进一步深化,怀柔科学城取得标志性的重大进展,未来科学城"打开院墙搞科研"的机制逐步深化,创新型产业集群和"中国制造2025"示范区科技成果转化和产业化步伐加快,高精尖产业加快优化升级。

中关村科学城中,重大原创成果及产业化取得新进展,创新平台建设增添新内容,北京大数据研究院、北京百度网讯科技有限公司、北京数码大方科技有限公司获批建设国家工程实验室;北京石墨烯产业创新中心、中国科学技术大学北京研究院、北京脑科学与智能技术研究院等一批新型研发机构相继成立。中国首家专注服务科技创新的银行——中关村银行正式开业。

怀柔科学城同样拥有良好的开局,《北京怀柔综合性国家科学中心建设方案》正式获得国家批复。5个前沿交叉研究平台全部开工,综合极端条件实验装置、地球系统数值模拟装置于2017年底也分别开工。中关村发展集团与怀柔区政府共同出资30亿元设立的怀柔科学城建设发展公司投入运营。

位于昌平区的未来科学城中,神华、国网、航天十一所等单位组建氢能技术协同创新平台,华北电力大学筹建能源产业技术创新研究院,中国电信集团建设双创示范基地,光启北京研发中心打造光启国际创新基地。未来科学城已累计建成国家级、省部级重点实验室和工程（技术）研究中心等高水平研发平台40个。

四 创新动能最强劲

截至2017年，北京市全市科技类企业40万家，经认定的国家高新技术企业是12400家，居全国首位，占全国的20%左右。2017年1—11月，全市规模以上工业增加值同比增长5.6%，其中，战略新兴产业中的节能环保产业、新一代信息技术产业增加值分别增长23.9%和8.5%。规模以上信息传输、软件和信息技术服务业法人单位收入合计同比增长12.7%。金融、信息服务、科技服务等优势行业继续发挥重要支撑作用，2017年前三季度三个行业增加值对全市经济增长的贡献率合计超过5成。截至2017年12月底，全市共有A股上市公司306家，上市公司总股本、总市值居于全国之首。中关村"独角兽"企业67家，约占全国一半。

同时北京围绕建设全球一流的创新创业生态环境，集聚和利用高端创新资源，深化商事制度改革，实施"公众参与创新行动计划"，启动"北京创客科普季"，在全国率先引爆大众创业、万众创新的热潮。挂牌65家"北京市众创空间"，其中57家入选国家级众创空间，中关村创业大街作为首家"北京市众创空间集聚区"，已经成为国内青年创业的新地标。

以北京经济技术开发区为代表的创新型产业集群，全面启动智能车联、新型显示、集成电路制造等20个技术创新中心建设，组建人工智能研究院等5家研究院；研发完成微流控碟式芯片核酸扩增检测技术等11项新技术。代表企业中芯北方生产的12英寸集成电路项目，完成月产能2万片；京东方新产品在国际高端市场占有率接近40%；小米自主研发芯片"澎湃S1"正式发布并实现量产。

第二节　国家高度

北京的创新文化代表着国家高度，北京的科技创新成果代表国家创新成果的最高水平，是站在国家高度的辐射共享，是央地协同的主阵地，是国家创新成果的首发站和主秀场。

一　代表国家创新成果的最高水平

2014年以来，北京共获得国家科学技术奖项目301项，约占全国的1/3。20位科学家获国家最高科学技术奖，在全国占比高达69.0%。2017年，北京地区单位获得国家科学技术奖数量78项，占全国通用项目获奖总数的36.1%，其中代表特别"含金量"的国家自然科学奖42.9%在北京产生。全国"领跑"世界的技术成果中，在北京产生的技术成果占55.7%；2017年，中国科学十大进展北京占9项。2016年，北京全社会R&D（研究与试验发展）经费支出达到1479.8亿元，占地区生产总值

图3—1 中关村景观小品"飞天"(作者摄)

的比重为5.94%,比2013年增长24.9%,居于全国首位,也高于发达国家平均水平,代表国家创新成果的最高水平。

北京作为中国的代表,站在世界科技创新的前沿,正逐渐引领新一轮科技革命浪潮,努力由"跟跑者""并行者"向"领跑者"转变,成为全球最有影响力的科技创新中心。根据首科院组织开展的2013年以来的技术预测研究阶段成果来看,北京在全国"三跑"格局中占有重要地位。通过对技术所属地分析,在被调查的1346项技术中,有446项技术分布在北京的高校、研究机构和企业,其领跑、并跑和跟跑技术分别为122项、145项和179项,在国家"三跑"技术占比分别达到55.7%、

35.8%和24.8%，领跑技术占比最高。从技术发展水平来看，北京已成为全国领先技术的主要供给地区。

二 站在国家高度的辐射共享

在国家层面上，北京正成为中国科技创新的"领头羊"，服务全国创新发展能力进一步增强。北京创新要素开放共享程度进一步提高，"十二五"期间，技术合同成交额的70%以上辐射到京外省市和国外，覆盖全国全部地级以上城市，对京外省市创新驱动发展的支撑度超过40%。与18个省区市建立了区域科技合作和对口支援机制，对内蒙古、西藏、新疆、青海的对口支援和帮扶协作进一步加强。在天津、河北、内蒙古、宁夏、重庆、贵阳、黑龙江、云南、山西等省区市搭建"首都科技条件平台"合作站和技术市场窗口，共建"北京·贵阳"大数据应用展示中心和云南科技桥头堡。

在京津冀层面上，北京正成为支撑京津冀区域经济社会可持续发展的源动力。2015年中共中央、国务院发布的《京津冀协同发展规划纲要》中进一步明确了北京是京津冀协同发展的核心，提出北京要重点提高原始创新和技术服务能力，打造技术创新总部聚集地、科技成果交易核心区、全球高端创新中心及创新型人才聚集中心。"十二五"以来，北京作为京津冀科技成果交易核心区地位进一步强化，北京输出到津冀的技术合同成交额增长67.7%，航空航天、环境保护与资源综合利用和现代交通领域技术合同成交额分别增长2.9倍、2.1倍和1.5倍。

三 创新总部和央地协同的主阵地

2017年5月31日,北京市经济社会调查总队发布了《北京总部经济发展状况》报告。截至2017年初,北京市共有总部企业4007家,占北京企业总数不足1%,资产占比达86.9%、营业收入占比达67.8%、实现利润占比88.7%。北京总部企业2016年末资产合计123.9万亿元,同比增长17.1%;2016全年实现营业收入9.4万亿元,利润总额2.4万亿元,资产、收入、利润分别占全市规模以上企业的86.9%,67.8%和88.7%。其中,中央企业总部年末资产合计102.2万亿元,同比增长18.7%,全年实现营业收入4.9万亿元,利润总额1.8万亿元,资产、收入、利润分别占全市总部企业的82.4%,52.1%和76%;营业收入前100名总部企业年末资产合计65.8万亿元,实现营业收入4.7万亿元,利润总额1.3万亿元,资产、收入、利润分别占总部企业的53.1%,50.4%和55%。

从企业性质看,4007家总部企业中,央企总部1123家、市属国企总部636家、民企总部360家、外资总部562家;从影响力看,4007家总部企业中,世界500强企业58家、跨国公司地区总部164家、国家高新企业1220家。

2016年中央在京科研机构共获奖135项,占奖励总数75.0%，2015年中央在京科研机构共获奖142项，占奖励总数75.5%，总体来看，中央在京科研机构获奖数量占比较高，两年获奖数量基本持平。两年获奖项目覆盖全部奖励涉及领域，2016年中央在京科研机构获奖数量位列前三的领域分别是能源科技与节能技术（19.3%）、医疗卫生（13.3%）和基础研究与科技管理（11.1%）。其中，交通运输与安全工程（8.9%）、计算机与现代服务业（9.6%）、电子、通信与仪器仪表（7.4%）领域获奖数量较2015年增长幅度最大，分别增长了4.0%、1.9%和1.8%，中央在京科研机构获奖项目领域分布与全部奖励项目领域分布基本吻合。

2016年中央在京科研机构联合北京市属科研机构、高等学校和科技企业共同完成项目获奖67项，占奖励总数37.2%，较2015年增长7.9%，央地协同创新发展整体呈良好态势。央地协同获奖项目涉及领域范围广，其中，数量占比位列前三领域分别是城乡建设（16.4%）、农业与林业（16.4%）和计算机与现代服务业（14.9%），增长幅度最大的前三领域为先进制造与工业技术（7.5%）、城乡建设（16.4%）和环境保护与资源利用（9.0%），分别较2015年增长了3.8%、3.7%和3.5%。从央地协同的协同主体来看，2016年中央在京科研机构与北京市属科研机构共同完成项目获奖21项，占奖励总数11.7%，与2015年基本持平；联合北京市属高等学校完成项目获奖6项，较2015年增加3项；联合北京科技企业共同完成项目获奖40项，占奖励总数22.2%，较2015年增长6.8%，联合科技企业协同创新发展势头强劲。

四 国家创新成果的首发站和主秀场

首都创新文化的国家高度还表现在北京是众多国家级创新成果的首发站和面向世界发布的主秀场。2008年的夏季奥运会和2022年冬奥会正是国家创新成果的集中体现。

2008年8月8日晚上，全球观众在领略过2008北京奥运会开幕式的宏大与壮观、绚丽与唯美后，无不惊叹，2008北京奥运会是一次高科技的盛宴。从开幕式到比赛竞技，从奥运安全到奥运转播，无处不在的科技手段保障着盛会的顺利进行。借着奥运会这个汇聚全球眼球的盛事，中国人也好好地展示了一把中国的高科技，参与奥运会的每一个人都能切身感受到科技奥运的快感。[①]

当年的北京奥运会开幕式吸引了全球40亿人的眼球，在各国连创收视率奇迹。外媒纷纷以"难以置信""无限美感"等赞美之词来形容这场盛大的"奥运秀"。高科技手段在此次奥运会中真可谓功不可没。

开幕式上华表的影像流淌在徐徐展开的巨大卷轴上，"飞鸟"和"鲸鱼"自在翱翔"鸟巢"上空，人类在冉

---

① 卢昌聪：《科技成就2008北京奥运》，《上海信息化》2008年第9期，第18—21页。

冉升起的蔚蓝色星球上漫步，闪烁的星空变幻成通体晶莹的"鸟巢"。这个贯穿整个奥运开幕式的"画卷"其实是通过地面上庞大的LED屏幕"播放"出来的。由于"鸟巢"现场的屏幕十分巨大——场地中央的LED地面屏幕长达145.5米，"鸟巢"顶部碗边环幕更接近500米长，所以大多影像都制作成了4K及7K的分辨率（普通数字电影为2K），数据处理量非常大，在曙光公司的技术支持下，水晶石调用了超过460个双CPU四核的刀片服务器进行数据处理，最终制作出10余场次、总时长超过60分钟的数字影像。

图3—2　鸟巢（作者摄）

而在开幕式的另外一大亮点——焰火控制方案中，采用了"月堂压发射"专利技术。这项技术能够通过控制膛内压力和发射高度，同时发射几十发弹丸，在同一高度起爆，还可调整形成不同造型。其平面造型如"大脚印""笑脸"等十分成功，成为焰火发射的主力军。由于焰火表演发射点分布在许多地方，为了保证时间上的紧密配合，利用了科技部立项支持的当时最新的空气发射技术。该项技术利用高压空气和芯片焰火弹，在芯片设定的时间起爆，使理论上的时间误差仅有几毫秒。由科技部立项支持的还有一项焰火项目"微烟烟花"。专家们通过对焰火的配方进行调整，改变了传统烟花使用的原料，大大减少了焰火燃放后的烟尘污染。所以北京奥运会开幕式上尽管燃放了4万余发焰火，但所造成的烟尘污染却是近几届奥运会开幕式中最少的，完美体现了"科技奥运""绿色奥运"的精神。

点燃的火炬经受住了六组消防高压水枪制造出的"人工降雨"环境的考验，保证了火炬在每小时降水80毫米的暴雨天气下仍然正常燃烧，并在燃烧系统内加装了专门的防风装置，具备抗相当于10级风力的能力。主火炬同时采取了一系列防雷技术，可防雷击，且能"熄火无噪音"。

而李宁手中"好像要灭"的"祥云"更是非常安全可靠的。火炬在燃料气体、稳压装置和燃料罐的支持下，可以持续燃烧20分钟，火焰高度可达25—30厘米，并能在每小时65公里的强风和每小时50毫米降水量的大雨情况下保持燃烧。

作为当时北京奥运会的唯一白色家电赞助商，海尔为奥运村和37个奥运竞赛场馆提供了共6万件产品，这也使得北京奥运会成为奥运史上绿色家电运用最多的一届。其中最耀眼的还属海尔的中央空调系统，其中包括为奥运网球中心、青岛奥运帆船基地以及奥运村配备的太阳能空调系统，为首都体育馆、北京工人体育场等5大奥运场馆配套的水冷螺杆中央空调等当时最新的高科技产品。

2008年奥运会向世界彰显了中国最新的科研创新成果，2022年北京冬奥会也不遑多让。京张高铁将于2019年底完工，届时北京至张家口最快车次运行时间将从现在的3个多小时缩短至1小时之内。"奥运专列"连通三大赛区，公交系统则串联起各赛区周边地区。中国自主研发的智能无人公交车也将服务2022年北京冬奥会。只要打开手机，通过系统下达指令，智能公交车就能感知到人的用车需求，到站时它就会停车带客，并且这种智能车是全新设计，与现在的车辆相比，没有方向盘，也没有刹车、油门。此外，可在复杂环境下运行的智能无人物流车也有可能用在北京冬奥会上。

为丰富观众体验，北京冬奥会将开启"智能观赛"模式，即使不在现场，也能"身临其境"。人工智能、虚拟现实（VR）、5G通信、360度回放、无人机等代表中国这些领域最先进的技术都将在北京冬奥会上得到综合运用。其中 VR 技术正在越来越多地应用于赛事直播等领域，特别是在滑雪等对场地要求较高的运动项目中，该技术大有可为。还可以将所有慢动作 360 度无死角转动回放，给观众以丰富、震撼的观赛体验。除此之外，人工智能、VR 等技术还可以通过模拟、优化比赛场景，突破场地、气候限制，对运动员实现系统辅助训练，帮助运动员提升竞技水平和综合素质。无论日常训练还是正式比赛，运动装备的高科技化趋势都日益明显，先进的运动装备能帮助提升训练科学性和运动员赛场表现。其中内置传感器的高科技运动服是备战北京冬奥会的一大研发热点。传感器能感应和追踪运动员肌肉纤维内部活动，通过应用程序报告各部分肌肉的运动状态，从而帮助运动员有针对性地进行训练。

在赛场保障方面，为保证冬奥场馆高品质安全用水，启动了崇礼奥运直饮水工程，采用北京理工大学研发的直饮水处理技术，对城区居民用水进行处理，确保水质达到国际直饮水标准。届时，冬奥会场馆里将随处可以喝到安全放心的直饮水。这项处理技术通过创新的消毒方式，解除传统工艺中加"氯"对人体带来的二次伤害，同时彻底解决网管二次污染难题，实现居民供水 100% 合格。

不仅是两大奥运盛事，占据国家高度的北京，基本每天都会有富有影响力的成果面向全国乃至世界发布，各种创新型科技机构、创新创意企业不约而同地选择北京作为自己的成果或产品迈向世界的平台和窗口。

第三节　国际视野

首都居高致远的创新文化不仅"居高"立于国家高度，更旨在"致远"，面向全球构筑国际创新文化交流平台、国际创新巨擘首选地、国际成果集中展示高地和国际创新人才汇集地。

一　国际创新文化交流平台

在 2014 年举办的 APEC 会议领导人欢迎晚宴上，各国领导人身着"新中装"的亮相，这是中国创新设计的体现，也是国家创新文化的彰显。创新为北京带来的不仅是产业层面上的变化，更是社会经济发展、民族自信心与影响力的全面提升。北京积极加入联合国教科文组织创意城市网络，推进北京创新文化的国际化发展。

成立创意城市网络是为了在经济和技术全球化的时代背景下倡导和维护文化多样性。联合国教科文组织（UNESCO）于 2004 年 10 月的 170 届执行理事会上，根据教科文组织文化多样性全球联盟的创议成立，通过对成员城市促进地方文化发展的经验进行认可和交流，创意城市网络能够发挥全球创意产业对经济和社会的推动作用，这标志着创意城市开始在全球范围内兴起。

根据联合国教科文组织的定义,创意城市网络指的是富有创造性的城市组成网络,通过合作实现促进文化多样性和城市可持续发展的共同使命。创意城市网络包括七个创意产业门类,分别是文学之都(Literature)、电影之都(Cinema)、音乐之都(Music)、民间手工艺与艺术之都(Craft and Folk Arts)、设计之都(Design)、媒体艺术之都(Media Arts)和美食之都(Gastronomy)。创意城市网络旨在促进城市间的国际合作,鼓励城市在联合国教科文组织关于优先进行"文化和发展"与"可持续发展"的全球战略框架下,建立共同发展的伙伴关系。

截至2017年底,共有来自72个国家的180个城市加入该网络,中国一共有13个城市成为创意城市网络成员,北京市是创意城市网络的重要一员。在这个国际舞台上不断发出中国创新文化的最强音。与教科文组织合作举办联合国教科文组织创意城市北京峰会,在教科文组织总部举办"感知中国·设计北京"展览,成为了"北京设计"走向国际的重要里程碑。积极组织北京设计企业全面参与创意城市网络的各项活动,推动设计企业参与国际设计项目,参与制订国际规则;进一步提升中国设计红星奖、北京国际设计周、设计之都——设计之旅国际化水平,引导更多国际知名设计公司、设计师落地北京。

2018年7月17日,北京市国际创新文化交流又有重大进展。北京市委副书记、市长陈吉宁与联合国教科文组织总干事奥德蕾·阿祖莱（Audrey Azoulay）共同为联合国教科文组织国际创意与可持续发展中心揭牌，全球首个以"创意与可持续发展"为主题的教科文组织二类中心在京正式成立。

2015年11月，联合国教科文组织第38届大会通过了北京市申请建立国际创意与可持续发展中心的提案。近三年，北京为成立创意中心履行完成各项程序。2018年1月，创意中心召开了第一届理事会第一次会议，会议选举产生了第一届理事会。4月，创意中心完成备案登记的事业单位注册。

联合国教科文组织从20世纪80年代启动建立二类中心项目，与其直属机构一类中心相对应，二类中心是其支持并参加、由会员国申请设立的国际中心，目的是参与联合国教科文组织全球议程及战略目标的制定，为会员国提供支持和服务。目前，全球共设有120多个二类中心，中国有13个，涉及自然科学、文化、教育、人文社会、通讯与信息、战略规划六个领域，国际创意与可持续发展中心是全球第一个跨领域中心，也是中国首个由地方政府承办的二类中心。

作为教科文组织全球首个以创意与可持续发展为主题的二类中心，国际创意与可持续发展中心将建立集研究、交流、合作、培训等功能于一体的专业性、高水平、国际化平台，成为集聚世界顶尖人才的资源库，创意与可持续发展成功经验的示范先行者,文明交流互鉴合作的推动者,以及中国企业、科技、文化走向世界的传播者,全面服务于北京文化中心、国际交往中心和科技创新中心建设,服务扩大中国与世界的人文交流及中国文化"走出去",服务落实联合国教科文组织关于创意的战略目标和联合国2030年可持续发展议程。

二 国际创新巨擘首选地

随着北京建设全国科技创新中心不断推进,以及"大众创业,万众创新"持续高涨,北京创新战略中心地位显著提升。海外巨头正在积极调整其全球创新战略,借助中国创新环境与能力的整体提升,加大北京布局创新特别是开放创新的力度。根据统计,截至2017年已有38家海外巨头在北京布局开放创新事业,占到世界500强里外企中的约10%（385家）。伴随北京市加速实施创新驱动发展战略,不断吸引和汇聚全球创新创业要素,越来越多的大企业在北京布局开放创新,吸收创新创业成果。截至2017年第二季度,在北京开展全球开放式创新的大企业达到130家,占500强总数（915家）的14.21%,其中,中国（含港澳台）企业92家。

这里以中国的老朋友微软公司为例,早在1992年微软公司就在北京设立了办事处。1993年,微软公司建立微软北京测试中心。1995年,微软（中国）有限公司、微软中国研究开发中心均在北京成立。1999年,微软增加投资将微软大中华区技术支持中心扩大为微软亚洲技术中心。2001年，微软中国研究院升格为微软亚洲研究院、微软亚洲技术中心升格为微软全球技术中心，北京均是微软的首选地。2002年，微软与中国政府签署谅解备忘录，共同开展中国最大软件对外合作项目，涉及金额超过62亿元人民币。随后，微软与中国、与北京进入了快速发展时期，北京在微软全球版图中也占据了越来越重要的地位。

说完国际巨头的案例，也要提到央企的代表。以中国船舶重工集团公司为例，作为大型船舶工业企业，正依托北京总部，以解决船舶工业发展中的技术难题为切入点，搭建面向船舶工业、创客资源的智海协同创新平台。该平台致力于打通中船重工集团公司成员单位之间、中船重工集团与创客资源间国际国内相结合的创新渠道，汇聚全球智慧，海纳百家之长，打造工业领域集智解难、协同创新的网络平台，通过"互联网+"促进传统企业升级、制造业资源共享。

当然，除了工业领域，生物医药、金融、信息技术等各个领域的大企业也都开始了开放创新的探索。例如，北京银行作为北京市自身的金融企业的代表，成立小巨人创客中心，构建"创业辅导+产业融合+投资并购"服务模式，搭建股权投资和债权融资联动平台，布局双创和实施大企业全球开放创新。

三 国际成果集中展示高地

北京市会展业为首都创新文化的国际化展示提供了重要支撑。在首都建设国际交往中心的背景下,北京会展业发展取得了显著成就,已经成为国际成果集中展示高地。根据《北京市会展业研究报告》,2013 年,北京市接待国际会议 7000 余个,接待国际会议人数 68.3 万人次;国际会议收入达 10.87 亿元,比 2004 年上升 467.7%,年均增速为 18.7%,占总会议收入的 9.1%。2013 年举办国际展览 283 个,其中展览面积 1 万—5 万平方米的中型国际展览 157 个,超过 5 万平方米的大型展览 25 个。国际展览收入达 48.4 亿元,比 2004 年上升 728.6%,年均增速达 24.7%,占总展览收入的 49.8%。会展业中的国际收入占比为 47.8%,接近一半。北京市会展行业的国际化程度不断提升。北京会展活动的国际化和品牌化不断提升,全球影响力日渐增强,在国内独占鳌头。

通过行业会展的形式,北京正站在国际高度引领着中国创新发展。如北京世界设计大会成为集聚设计行业人才,交流设计思想的重要平台。此外,一些行业内的交流会展活动也十分频繁,如中国国际服装服饰博览会和北京时装周等。这些会展交流活动使北京成为发布、交流最新设计信息的理想城市。

中国国际设计周是其中的典型代表。自 2009 年首届

122　■ ■ ■　蓬勃开放的创新文化

图 3—3　第十五届北京国际图书节（作者摄）

启动以来，北京国际设计周（以下简称"设计周"）充分发挥了首都作为全国文化中心、科技创新中心、国际交往中心的示范作用，坚持"立足北京、服务全国、走向世界"的发展定位，成为国家和首都促进文化创意和设计服务与相关产业融合发展的重要平台和北京市具有国际影响力的文化名片。从首届设计周的100余项活动，发展到2017年1000余项活动，由来自20多个国家的设计机构及万余名设计师参与的千余项设计活动，在京津冀三地举行，约800万人次参与了这项北京文化"大事件"，更有国内外5000多万人次通过网络展览、在线直播等形式关注设计周,带动文化旅游和各类设计消费超过30亿元,活动规模比肩世界规模最大的设计盛会。

设计周的活动内容和合作伙伴不断增加,内容版块和运营模式已趋成熟,活动口碑和社会影响力持续提升,已成为全球优秀设计思想、设计资源的汇聚平台,设计交易和投资的经纪平台,设计与教育、科技、文化、工业、旅游等产业融合发展的转化平台,设计师、设计企业、设计机构成长的孵化平台,在提高北京乃至全国文化创意和设计服务的发展水平方面发挥了重要作用。

围绕"一带一路"的国家文化贸易战略要求,设计周搭建了中国文化贸易全球推广渠道和平台,国家对外文化贸易基地(北京)推出"大设计、新丝路"中国设计全球建站计划。借助北京国际设计周的国际影响力,在国外设计贸易发展较好的城市,与当地设计贸易专业机构合作,形成中国设计产品的体验中心,并通过双边的深度合作,推动中国设计走出去。同时,依托当地设计贸易机构整合本国优秀设计产品进入中国市场。已和韩国首尔、意大利米兰、德国科隆、阿联酋迪拜等城市建立了合作关系,搭建了全球设计贸易服务平台。与此同时,通过与天猫等电子商务平台的合作,构建了专业的设计品跨境电商平台,实现了新丝路上的设计站点与在线商务的一体化。

随着设计周活动版图的扩大,其国际影响力也在逐步提升，首都创新文化得以更广地传播。设计周成为中国大陆地区首个获邀加入WDW世界设计周网络的设计周，从而与伦敦、巴黎、米兰、纽约等国际城市设计周一起，加入国际A类设计周节的大家庭。每次设计周期间，除了参与主宾城市带来的展览和设计活动之外，美国、英国、日本、韩国、丹麦、波兰、挪威、意大利、荷兰等30多个国家与设计周展开更加深入的项目合作。包括美国有线新闻网CNN、意大利晚邮报、英国墙纸杂志 *WALLPAPER* 等众多国际重量级媒体刊发新闻、专题超过百余篇，对北京国际设计周给予充分的报道和积极的肯定。

依托北京国际设计周这样的国际成果集中展示高地，通过展览、论坛、峰会、推介会等丰富多彩的活动，通过引入国际先进的文化产业发展理念，为北京和中国的城市发展建言献策，通过展示国际前沿的创新技术和成果，帮助国内创新企业和个体开阔视野、创新思路，树立中国创新文化的"风向标"。

四 国际创新人才汇集地

按照首都新功能定位，政治中心、文化中心、国际交往中心和科技创新中心，是相互关联、互为内涵的，充分体现了首都的特殊功能属性。其中国际交往中心本身就内含了首都其他功能的国际性要求，也就是说，首都科技创新中心也要同时体现国际交流的特点。反之在国际交流中，科技交流也是重要内容。从这个意义上说，首都科技创新中心本身是国际化的创新中心，更何况现代创新是更加国际化的创新，任何封闭的、孤立于全球创新体系之外的创新都不可能取得实质性的突破。所以，首都科技创新中心更应成为全球科技创新中心，这是顺理成章的。

首都科技创新中心核心是人才资源集聚。创新驱动实质上是人才驱动。北京要保持高端创新优势，抢占首都文化的国际位势，势必"把人才资源开发放在科技创新的最优先位置"，以创建国际人才自由港为重要载体，"实行更加开放的人才政策，不唯地域引进人才、不求所有开发人才、不拘一格用好人才"，强化人才支撑作用，继续保持人才领先优势[1]。

根据全球化智库（CCG）在京发布的《2017中国区域国际人才竞争力报告》，北京的国际人才竞争力综合指数为3.67，这一指数在全国31个省（自治区、直辖市）中处于第二位，仅次于上海（3.91）。为方便详细分析和与其他省/市（区）进行比较，根据国际人才竞争力的指标体系，从国际人才规模、国际人才结构、国际人才创新、国际人才政策、国际人才发展和国际人才生活六个方面对北京的国际人才竞争力进行详细的评述。

---

[1] 白津夫：《站在国家战略高度谋划首都科技创新中心建设》，《前线》2015年第2期，第87—89页。

北京在这六方面指数得分分别为国际人才规模指数0.77，国际人才结构指数0.50，国际人才创新指数0.56，国际人才政策指数0.68，国际人才发展指数0.49，国际人才生活指数0.67。

从国际人才汇集的基础来看，在国际人才社会保障方面，北京拥有数量丰富的国际学校，能为国际人才子女提供国际化的教育环境；北京还是三级医院，尤其是三级甲等医院等优质医疗资源的聚集地，为国际人才就医提供了方便。在国际人才居住环境方面，虽然北京的空气质量相对较差，但在人口密度和人均公园绿地面积这两项指标上并不落后；在体现交通便利程度的每万人拥有公共交通车辆上，北京的数量在全国31个省市区中最高，加之四通八达的地铁网络，北京的公共交通体系极大地提高了交通便利的程度。从国际旅游环境看，首都国际机场遍布全球主要国家和地区的航空网路以及北京丰富的旅游资源都是吸引国际人才的优势条件；而2015年北京接待入境过夜游客的数量，特别是外国人的数量，也说明了国际旅游资源对国际人才的吸引力。

子女是否能够接受良好的教育是影响国际人才迁移的重要因素。在经教育部批准设立的116所外籍人员子女学校中北京有20所，为国际人才子女入学提供了从幼儿园、小学、初中到高中的国际化教育环境。北京BISS国际学校、北京顺义国际学校、北京加拿大国家学校等都拥有国际化的师资力量，使用外国教材、采用纯英文教学，能为学生进入全球知名大学奠定坚实的基础。

从医疗资源的分布来看，《2015中国卫生和计划生育统计年鉴》显示，北京拥有73所三级医院，其中三级甲等医院45所，医疗资源数量和质量在全国各省市区中名列前茅。北京协和医院、北京友谊医院和北京大学人民医院等在医疗服务能力、效率和科研等方面均处于国际领先水平。

2018年2月27日，为了巩固北京在国际创新人才的集聚优势，发布了包含20条人才新政的《关于深化中关村人才管理改革构建具有国际竞争力的引才用才机制的若干措施》（以下简称《若干措施》）。措施涉及国际人才出入境、国际人才引进使用、支持国际人才兴业发展，以及加强国际人才服务保障等四个方面，为吸引国际创新创业人才，有多条政策甚至为全国首创。

《若干措施》是北京市在中关村开展新一轮深化人才发展体制机制改革的探索，以政策红利激发人才活力，努力将中关村打造成发展环境优良、人才迁移便捷、高端智力集聚、创新创业活跃的人才国际化发展"软口岸"，使国际人才进得来、留得下、干得好、融得进，为人才国际化发展营造良好环境，进一步提高中关村、北京市的人才国际化发展水平。

《若干措施》中有5条政策便利国际人才出入境。政策重点解决人才"进得来"问题，涉及外籍人才申请永久居留、便捷出入境以及长期居留许可等。政策是对

2016年公安部支持中关村先行先试出入境政策的进一步深化，让外籍人才更方便地往来与居住生活，更加便捷地迁移。

有6条政策开放国际人才引进使用，重点解决人才"留得下"问题，在外籍人才担任法人、承担科技项目以及提名政府奖项资格等方面实现了突破，同时在"海聚工程"、海外人才聘任、企业博士后培养等方面开展试点探索。政策进一步开放了外籍人才引进使用的相关领域，便利更多外籍高层次人才深度参与北京市科技创新中心建设。

有4条政策支持国际人才兴业发展，重点解决人才"干得好"问题，主要是通过营造更加开放高效的引才用才环境，加强中关村区域国际人才的交流合作。

有5条政策加强国际人才服务保障，重点解决人才"融得进"问题，包括外籍人才住宿简化登记、便利体检、保险保障、子女教育和设立一站式服务平台等。

《若干措施》择天下英才而用之，具有全球站位、创新性强、服务人才保障有力的特点，将成为北京继续发挥"试验田""排头兵"作用的一次重要举措，不仅仅是首都创新文化具有国际视野的体现，更是首都创新文化得以全球化扩散的核心吸引力。

总之，从国家高度到国际视野，居高致远的首都创新文化不仅体现在富集的创新要素上，它更体现于站在国家高度，展开国际视野，对世界产生更加深远的影响，北京也在"一带一路"倡议中发挥着更为重要的作用。五年来的实践证明,"一带一路"宏伟构想顺应时代潮流、适应发展规律、符合各国人民利益,向世界展现了中国作为负责任大国的胸怀与担当。从亚洲、欧洲到非洲、美洲,"一带一路"建设朋友圈持续扩容,全球100多个国家与国际组织积极支持、踊跃参与。居高致远的首都创新文化正充分发挥着旗帜作用,北京市在参与"一带一路"建设中的成果超过预期,重点项目推进情况良好,境外合同金额等主要指标稳定增长,"一带一路"沿线合作地域辐射面继续扩大,项目开展更加多样化。2017年,14家受访的北京企业平均每家与11.7个"一带一路"沿线国家有合作关系,比2016年多0.8个国家,比2015年多4.8个国家,其中一家企业已与"一带一路"沿线马来西亚、白俄罗斯、越南、巴基斯坦、印度等34个国家建立业务合作关系[①]。未来,北京要继续在"一带一路"建设中发挥更大的作用,"一带一路"要建成和平之路,要建成开放之路,要建成创新之路,首都创新文化任重道远,要和"一带一路"建设参与国家一起谱写携手构建命运共同体的新华章。

---

① 石兰兰:《北京:紧抓开放机遇 "一带一路"建设成果达预期》,http://district.ce.cn/newarea/roll/201807/24/t20180724_29841184.shtml。

第四章　涵容出彩的创新文化

纵观全球科技创新中心的发展轨迹，多元、开放、包容的创新环境是其重要特征。北京作为全国的政治中心、国际交流中心、文化中心，是世界著名古都和现代国际城市，是自辽金以来，历经元、明、清等几个朝代的古都，也是中国近现代文化融合的重要中心城市。因此，无论是城市发展，还是城市文化，北京皆以其都城特有的地位为基础，形成了典型的富有文化包容性的精神风貌。北京城在这种多元思想的交流和碰撞中不断萌生新的文化元素，城市文明也绵延不断地发展，形成了独具特色的北京创新文化。在北京，人人敢于开拓，机会均等；环境鼓励探索，宽容失败；各得其所，人人出彩。

第一节　敢于开拓，机会均等

作为城市意识的最高形式，包容是北京最具异质性特征的城市精神之一。《史记·儒林列传》称："建首善自京师始"，包容既是北京市民海纳百川、雍容大度的胸襟和气度，也是市政建设博采众长、兼容并包的思维方式，更是北京作为首都尊重差异、和谐共生的文化特质和独特品格。[①] 在北京城市发展的历史进程中，"包容"始终伴随着北京历史发展的脚步而发挥着重要的影响作用，是北京发展进程中城市精神和城市文化形成的最重要的演变基础。

根据马建农先生在《北京精神与文化》一书中"包容"一章的阐述："北京城的发展史是一部城市开放史、民族融合史、多元文化发展史。自建城以来，北京吸引着各族人民定居，契丹、女真、蒙古、汉族、满族先后建都于此。又由于政治、经济、文化教育、宗教等原因，北京成为中国多种民族聚居之地。各民族长期聚居于此，其文化彼此交流，农耕文化、游牧文化、滨海地区的鱼盐之利和湖区的水乡经济在这里得以融合发展。这种城市传统文化直接影响到今天的北京文化特点——开放、包容、集大成"[②]。

北京成为一个具有包容之心的大都市，一个能海涵的有留居于此并兢兢业业奋斗的人们的共有的

---

① 于丹：《北京的包容》，《北京观察》2012年第1期，第11—12页。

② 李建平等：《北京精神与文化》，经济科学出版社2012年版，第77—110页。

美好家园，就在于这座城市拥有的那种宽广的人文胸襟。而这种宽广、包容的人文胸襟，很大程度上在于居住在这座城市的民众本身就是包容氛围下汇聚起来的群体，大家都敢于开拓，且不分职业，机会均等。

随着北京城市的快速发展，"北京人""外地人"的说法越来越淡化。按照人们通常说的居住在北京市里的"北京人"大体上可以分为这样几类：祖上在旗，和大清一起入关的。第二类是祖父母、父母留京的，正所谓"京三代""京二代"。第三类是近几十年甚至近些年来，大学生、研究生、博士生毕业留京或者奉命调入北京、到北京来闯天下者。但是，其实在这里生、在这里活动、在这里实现自己的人生目标的，都不是真正意义上的"土著北京人"。这些压根不是真正意义"土著北京人"的一代代人，在这个具有悠久历史、浑厚的文化底蕴和宽容文化胸襟的北京城里，实现了自己的梦想，也参与北京文化的构筑和建设，成为一个又一个的"北京人"。如果非要给"北京人"下一个定义的话，是不是可以这样说：在一定的时间内生活、工作在这座城市的人，被这座城市的文化所同化的人就是北京人。这种"北京人"概念，恰恰体现了北京精神的包容性。我们谈到"北京人"，自然离不开北京城市居民人口数量及人口结构变化。

第四章 涵容出彩的创新文化 133

图 4—1 北京西站熙熙攘攘的人流（作者摄）

这里从清代说起，当时对北京城市人口的管控，客观上使得这座城市的人口增长被有效地抑制。如果说一个人居住在一座城市、一个地域，就可以算是这个城市或者地域的土著居民的话，有清一代的"土著北京人"也不过是七八十万人而已。清王朝的覆灭，这种人口管控也开始失效。特别是民国以后，北京作为北洋政府的首都，近现代化的城市进程让北京的人口出现了一次明显的高峰性增长。1913 年，北京人口就从清代末期的七八十万人快速增长到 130 余万人。随后，1928 年国民政府迁都南京，北京改为北平特别市，人口增长速度略微放缓,但是到1937年北平城市人口还是达到了150余万人。当然,这种增长有北京行政区域划分改变的因素,但是最主要的还是各地移民到北京带来的人口变化。1945年抗战胜利后,北京人口又一次出现了增长的小高峰,达到了190余万人。这其中大量的增长人口是由于当时的政治以及军事形势的变化,从东北、华北各地涌入北京的外来人口。

1949年中华人民共和国成立,北京作为首都,再一次成为全国的政治、文化中心,中央政府机构、军事领导机关、科研机构以及大中专教育机构、卫生医疗机构的大量集中设立,使得北京城市人口出现了中华人民共和国成立以来第一次人口增长高峰。1949年,北京市旧城的内、外城一带城市居民人口不过120万到150万人,整个北京城市人口400万人。到了1953年北京市人口达到600万人。从中华人民共和国成立之初,北京城区人口从一百多万快速增长到数百万人口,绝大部分到增长的人口都是随着中央各种机构设立由各地迁移到北京的。这次人口的大增长,使得北京城市居民结构发生了第一次大变化,北京城的人口结构及其居民成分从1949年以前主要是旧社会官僚及其家属、少数旧知识分子和手工业、服务业从业人员、农民,转变为由产业工人、农民、中央党政军领导机关干部、国家企事业单位公职人员以及大专院校的教职员工、学生等。人口综合素质和知识程度与1949年以前不可同日而语。

第四章 涵容出彩的创新文化

20世纪70年代末开始的改革开放,让北京的人口增长出现了中华人民共和国成立以来最大的一次迁移性增长高峰。1978年全市常住人口为871.5万人,1990年则迅速增长为1086万人。到2004年北京市常住人口达到1492.7万人,在全市增加的人口中,外来人口占到63%。据2011年底的统计,北京常住人口已达1972万,其中户籍人口1246万,登记流动人口763.8万。从2000年到2011年这十年间,平均每年户籍人口增长10万人,每年流动人口增长近40万人,还有近300万的瞬间人口数量。北京目前拥有作为新市民的外来务工人员八九百万,居民与国内国际流动人口年度总数近1.7亿,居全国城市之首。

这里列举北京的人口数量、人口结构以及人口成分变化的具体数字,其实就是想说明这样一个事实,北京历史上就是一个汇聚各地民众和优秀人才的移民型城市。而自20世纪70年代末改革开放以来,到本世纪第一个10年,北京人口的大膨胀虽然带来诸多的城市病,但是各地民众以及各种人才的汇聚,让北京这座文明古城住的居民结构发生了翻天覆地的变化。有人曾这样开玩笑:若今天在北京说自己是"土著北京人",将面临着被占有绝对数量优势的非土著人"群殴"的可能。北京城市的这种人口大迁移和人口大膨胀,一方面是由于北京这座城市所具有的包容性胸襟;另一方面,这种人口大迁移、大融汇,使得在这座城市居住的民众更具有包容之心。这恰恰体现出北京这座具有包容精神的城市特有的精神风貌。

当人们出于不同的原因来到这座充满机遇、充满诱惑、充满无限憧憬的大都市,这座城市的民众会以包容之心快速地接纳每一个人。不管他们来自哪里,不管他们的乡音是否改变,不管他们的饮食他们还留存着多少家乡的口味,凡此种种,可能他(她)们的身上还或多或少地保留着家乡的痕迹。但是在北京这座具有强大文化包容的都市中一旦生活下去,其思维方式、关注热点、文化趋同性以及心态上都自觉不自觉地站在"北京"的立场上,而且会成为北京文化的参与者和构筑人。

马建农先生在书中列举了北京史研究的核心力量北京史研究会前两任会长的例子。第一任会长曹子西先生是天津武清人,继任会长王玲女士是河北曲阳人,皆非地地道道的"土著北京人",但是他们却是改革开放以来北京史研究的开创者、著名的北京史研究专家。《北京通史》作为北京史研究里程碑的著作,其14位作者大多不是"土著北京人"。一度在北京生活,曾撰写的《文化古城旧事》《增补燕京乡土记》《鲁迅与北京风土》等的著名学者邓云乡先生,是山西灵丘人。著名历史地理学家、老一辈北京史研究大家侯仁之先生,是出生于河北枣强的山东人……

再比如具有国剧之称的艺术表现形式——京剧同样汇聚了不同社会阶层的文化内涵。北京文化具有丰富的文化层面，既有宫廷文化的影响和体现，也有市井文化的成分和折射，构成了北京多元文化的和谐氛围。这一点，在京剧的演变历程中也一样显示得极为突出。京剧的形成受到皇家文化的直接影响，清代统治者甚至亲自参与到京剧艺术改造的具体环节之中。西太后慈禧对京剧的研究颇为深刻，她不仅精通京剧音律，甚至还亲自登场。看戏的时候，常常手中拿着"贯串"，边看戏边状元画像对照。一旦发现有错，立即责骂，甚至降罪。唱得好的便当场赞扬，给予赏赐。传闻曾赏赐杨小楼两篓大葫芦酱菜，每篓之中藏有数枚金元宝。对于京剧发展京城平民也发挥了积极作用。京城平民百姓看戏，只能是挑选戏园子里面的散座一饱眼福。这些市井百姓观赏京剧时对演唱者优劣的反应态度极为明朗，唱得好，不约而同地齐声喝彩，唱得不好，也异口同声地喝倒彩。这种当场喝彩以表明其喜好和反感的方式成为京剧文化中极为显著的特色，而且一直流传下来。如此直白的褒贬方式，关乎京剧演员的表演声誉，自然不敢怠慢，希望与台下的观众形成彼此呼应的和谐场景。甚至在一些唱腔唱段的设计上，都或多或少注意到台下观众的喝彩因素，在唱腔节奏上与台下的喝彩相互照应，这无疑对京剧艺术的演化和发展产生了重大的影响。在一个戏曲剧种上，威严庄重的帝王意识和活泼明快的市井百姓态度同时发挥着至关重要的作用，并且和谐地融入一个剧种之中，这恰恰体现出文化的包容力和文化的相融。而这种具有极为鲜明特征的文化包容，恰恰成为京剧吸纳不同的剧种、不同的社会文化养分的文化发展力。由此，我们可以很明确地看出北京文化发展进程中，包容所具有的那种文化前行的动力之源。

从以上的历史脉络和案例中可以发现，当一个人走进北京这座城市时，都会被这座城市的文化所陶醉，也会很快融入到这座城市之中，成为"北京城里的北京人"，并且以这座城市主人的身份，释放出自己的能力，将那种海纳百川的包容胸襟表现得淋漓尽致。现在的北京城，随着改革开放和人口迁移，所谓的"土著北京人"已经越来越稀少，新北京早应该确定新的"北京人"的概念，而今就有了和本书中创新文化相贴合的"创新人"概念。

所谓"创新人"概念是参照联合国教科文组织和经合组织的科技人才资源概念，同时结合大数据和北京实际，把教育程度在本科以上，并在科教文卫、生产制造和物流、计算机信息和软件服务、金融业等四个北京主要现代服务业领域工作的人才界定为"创新人"。此外，该报告在数据采集中还剔除了流动性较强的人才。

根据首都科技发展战略研究院发布的《2017首都"创新人"大数据研究报告》显示，随着"双创"的热浪潮涌北京，首都"创新人"规模达320.5万，占北京市常住人口的14.8%，平均每7个北京常住人口中就有

1个"创新人",总数超过硅谷所在地——旧金山湾区三大城市(旧金山、圣荷西和奥克兰)的人口之和。但报告也预计,未来5年,首都"创新人"60岁以上占比将上升为11%,进入严重老龄化阶段,首都"创新人"将面临人口老龄化的潜在威胁,在人才供给方面也将承受压力。同时,创新发展阶段对人力资本增长要求很高,北京与旧金山和波士顿仍存在一些差距,北京需要更多的"创新人"来这里拼搏。

总之,作为一座具有悠久历史和丰厚文化底蕴的城市,"包容"造就了北京这座城市以及这座城市的民众具有海纳百川的胸襟,成为北京这座城市民众共同的情怀。这就是为什么不时有诸如《逃离北上广又回到北上广》《逃离北上广我后悔了》等报道出现在各个网站或者微博"热搜"中。正因为北京的包容让大家觉得更有实现自己抱负的机会,这种海纳百川的文化胸襟,在今天以及未来北京发展的进程中,将成为这座城市巨大的发展动力。

第二节 鼓励探索,宽容失败

包容是融入国际化标准的城市态度。联合国人居署2000年首次提出"包容性城市"概念,指城市中每个人不论财富、性别、年龄、种族或宗教信仰,均可利用城市所提供的机会参与生产性活动。参照这一标准,北京已经成为国际范围内地域开放性最高的都市之一,体现为积极评价外来人口贡献和影响、对困难群体给予保障性社会关怀、多元人才选择相对理性与包容,"新市民"的概念从不同地域拓展到不同民族甚至不同国家的移民。

图4—2 北京大运村(作者摄)

2008年的奥运会以"同一个世界,同一个梦想"以及脍炙人口的《北京欢迎你》亮相,包容力与成长性使北京在国际都市序列中地位稳步上升。具有多向性的包容使北京日趋呈现"和而不同"的人文状态,它鼓励探索,宽容失败,不断以化合反应而非物理累积的方式,生成新文明成果。

首先是来到北京必然想要品尝的美食——北京烤鸭，在北京城的饮食文化发展中，显示出很强的包容特征。人们津津乐道的北京烤鸭，实际上是从南京烧鸭传到山东，由山东改良后形成了特色鲜明的山东烤鸭。在经过不停地探索改良后，山东烤鸭随着山东大厨进入北京再传遍京城，逐渐形成了焖炉烤鸭和挂炉烤鸭两大流派。今天在北京全聚德吃烤鸭，还要选用山东的大葱才算是正宗。有人说，北京菜就是鲁菜，并以旧时的八大楼东兴楼、泰丰楼、致美楼、鸿兴楼、正阳楼、新丰楼、安福楼和春华楼为代表。但是从严格的意义上看，旧时八大楼的北京菜早已经是改良后的鲁菜，它源自山东鲁菜，但是又根据北京人的口味、爱好加以改良，形成了新的菜品——北京菜。而颇具北京风味特色的北京涮羊肉以及烤肉宛、烤肉季的烤肉，来源于北方游牧民族。北京丰富的小吃艾窝窝、驴打滚、豌豆黄、面茶汤等多来源于西北地区少数民族的小吃。这些风格迥异的饮食特色，由于历史的原因汇聚京城，在北京这座具有极强的包容性城市空间中，不断改造、升华，形成了具有很强京味特征的北京饮食及其饮食文化，并且作为北京文化的一种物质形态向全国乃至全世界辐射，成为北京重要的文化标志。

再比如马建农先生在《北京精神与文化》中提到的

刘保全先生的例子。① 侯宝林先生曾有段《改行》的相声，其中有唱京韵大鼓的刘宝全被迫改行卖粥，敲着砂锅唱着京韵大鼓的情节。实际上京韵大鼓就是刘宝全在地方曲艺表现形式上进行京味化改造而形成的北京曲艺艺术。刘宝全，京韵大鼓艺人，曾用名刘顺全，字毅民，河北深县人。少时家贫，举家流落到河北关上。其父为生计，曾向木板大鼓艺人王庆和学唱，并带刘宝全一起卖艺，由此刘宝全开始以说大鼓为生。他15岁在天津拜名家宋五（宋玉昆）为师，继续学唱木板大鼓，又向琵琶名家陆文奎学弹琵琶。宋五去世后，他在嗓音"倒仓"（在青春发育期嗓音变得低哑）时，就为木板大鼓名家胡十和霍明亮伴奏，在艺术上得到宋五的弦师韩永忠的指导。18岁时，随韩永忠到北京，在庙会上、堂会上以及王广福斜街的乐户中唱木板大鼓。后来有一段时间，他向北京四喜班京剧老生孙玉卿学戏，取艺名月芬，并随孙去上海正式演出，终因底子较差，放弃京剧，遂到天津正式拜胡十、霍明亮为师演唱木板大鼓。刘宝全21岁又到北京献艺，京剧大师谭鑫培曾指点他要入乡随俗，改掉怯音。刘宝全得谭鑫培点拨，加之其曾学过京剧有一定的基础，便努力揣摩谭鑫培、孙菊仙、龚云甫等京剧名家演唱韵味和神态，把自己唱大鼓所用的方音

---

① 李建平等：《北京精神与文化》，经济科学出版社2012年版，第77—110页。

都改成京音,耍着木板唱,使说唱结合,并加强演唱时的面部表情和身段。1919年,刘宝全被时人誉为"鼓界大王",他的大鼓艺术被人称作"刘派"。至30年代初,他在艺术上达到炉火纯青的程度。刘宝全的大鼓唱腔是综合胡十、宋五、霍明亮三家之长加以创造而形成的。他还把京剧、河北梆子、石韵、莲花落、马头调等的表现手法熔冶到京韵大鼓的唱腔和表演之中。他创造的唱腔既刚劲又华美,既庄重又俏皮,有时借鉴京剧老生的唱法,真嗓假嗓兼用,娴熟自如地运用胸、喉、鼻和脑后等部位的共鸣以达到"低音珠圆玉润,高音响遏行云"的妙境。同时,还完善了似说似唱、说唱交融的演唱方法。民国时《半月戏剧》刊有人著文赞扬他演唱的《单刀会》,说他"精神活泼,音调铿锵,表情尤细腻周密,拔高时清脆流利,如长空鹤唳。走低时圆浑洒脱,如玉盘走珠,状关壮缪庄严肃穆,表鲁子敬矩谨诚厚,不特脸上指上有戏,即眉目腰腿两足间,亦无一不有戏情溢露。迨转入快板以后,佳腔更多,忽而疏朗,忽而紧张,忽而幽静,忽而激昂,忽而如春波荡漾,忽而如江潮怒吼,忽而如婺妇泣诉,忽而如万马奔腾。妙在不促不滞,不慌不忙,抑扬顿挫,徐疾有致,历时凡四十分钟绝无些微气喘衰颓之像。以一古稀老叟,居然胜任此浑身费力之繁剧工作,实属难能可贵"。刘宝全的这种艺术创造,不仅影响了鼓曲界,也为许多京剧名家在京剧演唱中吸收、借鉴,是北京民国时期诸艺术相融相借的典型事例。

像这样在各个不同艺术形式之间相互包容、吸纳并且进行融合、改良，形成新的、和谐的艺术形式的例子还有很多。如果说以上说的都是大事或者大师的事，以下是科博会上一个年轻人的例子，从中也可以看出这种鼓励探索、宽容失败的精神已经注入到新一辈中，首都的创新文化也得以一代又一代传承。

中国商飞北研中心青年工程师张驰和他的团队梦幻工作室亮相2017年科博会，带来了"灵雀"和"灵鸥"两款验证机。张驰是骨灰级的航空爱好者，小时候喜欢航空模型，留学英国拿到了飞行器设计专业的理学硕士，为此还考了飞行员驾照。

"你是骨灰级航空爱好者吗？你想造自己的飞机吗？快来加入我们吧。"2013年初，张驰在单位内网发出"集贤令"，最终这个青年自主创新团队留下了七名核心成员，其中六人是"80后"，包括北航博士、德国硕士。一个用于演示验证新一代支线飞机非常规布局方案气动特性的先进验证机项目——"灵雀"正式启动。

创业初期，作为青年自发组织，原则上不能占用工作时间，团队成员既承担自己的本职工作，又负责"灵雀"项目。张驰自嘲说这是个零加班费、零餐费、零抱怨的三"0"团队。在"灵雀"验证机上，团队尝试了两项新技术，一是将机身机翼融为一体，二是大胆采用了只有军机上才会使用的V型尾翼。这项尝试，经计算能降低传统客机9%的油耗，相当于为航空公司每架飞机每年节省300万吨燃油。一旦推广，可以为整个航空产业每年降低碳排放42万吨，相当于在大街上少跑15万辆汽车。

在科博会上展出的"灵雀"的外形是从22种方案中，不断尝试，失败再尝试，经过数不清的优化改进得来，即使这样也遇到了很多新问题，如因机翼摇摆曾损失一架花费50万元的"灵雀"，但通过这一次失败，团队解决了该问题。起步之初，"灵雀"曾被人笑称为航模，但如今却有3架用途各异的"灵雀"正在外地执行任务，为后续的研究积累了经验。当张弛被问及"为什么要创新？"他提到"中国商飞是一家在2008年刚成立的年轻的公司，与之共舞的是成立于1916年和1970年的波音公司和空客公司。对于这样'人多、钱多、经验多'的许三多，我们需要用颠覆式的创新去寻找出路"！① 张弛案例正是鼓励探索、宽容失败的首都文化典型代表。

为了鼓励更多"张弛"这样的团队出现，北京不断健全创新创业的服务体系。仅中关村核心区就有创业服务机构92家，入驻面积达200万平方米，其中国家级孵化器14家，国家级大学科技园12家，留学创业

---

① 陈瑜：《"创新浪潮"中的青春模样》，《科技日报》2015年5月15日，第3期。

园21家，科技型企业集中办公区11家，科技企业加速器6家，涌现了车库咖啡、3W咖啡、36氪、Binggo咖啡、联想之星、天使汇等一批新型创业服务机构，形成了涵盖早期办公、技术交流、创业培训、团队融合、营销策划、专利营运、融资并购等在内的创新全链条、服务全覆盖的创业生态体系。

创新创业集聚区也已经逐步形成。中关村创业大街北起北四环，南到海淀大街，以中关村西区东侧1号楼、鼎好大厦、e世界、海龙大厦为核心打造创业孵化一条街，以中关村西区西侧海淀图书城为核心建设天使投资一条街，依托海淀置业在中关村核心区的空间资源，发挥清控科创在创业服务、创新服务、产业促进和国际合作等方面的优势资源，共同打造创新创业生态。目前中关村创业大街已汇聚车库咖啡、36氪、北京大学创业训练营以及清华经管学院加速器等21家高端创业服务机构入驻，包含技术服务、人才招聘、法律服务、投融资服务等各类市场化服务机构已超过40家，各天使合作投资机构超过2200家，日均孵化创业企业1.6家，每天平均有1家企业获得融资，平均每家企业融资500万元。同时，围绕知识产权、科技金融等创业需求，科学城已经形成新的"聚集街区"——中关村科技金融一条街、知识产权和标准化一条街。

同时"创新券"也成为北京扶持中小创新企业的一个创新。小微企业和创业团队持创新券，可以购买高校院所的科研服务。根据北京市科委统计数字显示，截至2017年累计投入使用1.4亿元创新券资金，支持2115家小微企业和111家创业团队，合作开展了2402个创新券项目。

除了创新券，北京市还出台了一个又一个科技创新促进政策。早在2016年，《北京市进一步完善财政科研项目和经费管理的若干政策措施》就在全国率先出台，赋予单位和科研人员更多"自主权"，被称为"28条"。"28条"明确提出从科研经费中列支的编制内有工资性收入科研人员的绩效支出，一次性计入当年本单位工资总额，但不受当年本单位工资总额限制。北京还在中关村示范区率先开展股权激励试点，截至目前，中关村共有105项国有企业、高等学校、研究机构的股权和分红激励试点方案获得批复，405名科研和管理人员获得股权。

北京通过一系列政策鼓励创新，宽容失败，不断促成科技成果转化。《北京市促进科技成果转移转化行动实施方案》，从汇集发布科技成果信息、释放创新主体科技成果转移转化活力等10个方面提出36项重点任务；开展收益分配和岗位管理改革，鼓励在高等学校设立科技成果转化岗位。随着系列政策实施，首都科技服务业发展迅猛，2017年前三季度实现增加值达2312.3亿元。

从北京的日常生活，再到艺术文化交流，最后到看似普通的"创新人",点点滴滴都是北京涵容出彩的创新文化最鲜活的一面,也是最动人的一面。

第三节　各得其所,人人出彩

北京创新创业人才来源于形形色色的人才群体,既有科研院所的科技人员、高校教师,也有政府机关公务人员,进入新时期,更有海外归国人员、大学毕业生,业已成为新兴的创新创业主体,不同类型的群体在北京各得其所,人人出彩。

图4—3　中关村景观小品"人才"(作者摄)

一 科技人员自主创新创业

科技人员通过自主创新创业锻造成为科技型企业家。如联想柳传志、杨元庆，用友王文京，小米雷军，汉王公司刘迎建，华旗资讯冯军，大北农邵根伙等。这些科技人员自主创办的科技企业，目前已发展成为中关村科技创新创业的骨干力量。

2018年7月9日，雷军在人群的簇拥下走进了港交所的大厅。他穿着深蓝色西装，系了一条和小米Logo同色的领带——橙色的小米正是当天港交所的主角。创办小米时，雷军刚过40岁。"四十而不惑"，雷军自己也说，小米是他最后一次创业，是积累了20年的商业经验之后，"毕其功于一役"的一次全新测验考试。在他40岁生日的那天夜里，他和几位朋友到北京中关村当代商城附近的一家酒廊喝酒。酒过三巡，雷军感慨地说："人是不克不及推着石头往山上走的，这样会很累，而且会被山上随时滚落的石头给打下去。要做的是，先爬到山顶，随便踢块石头下去。"那一天是2009年12月16日，距雷军离开金山有两年。四个月后，他正式创立小米公司。这一段感悟，后来演化成了一句更为著名的"雷军语录"——"站在台风口，猪也能飞起来"。与金山时代的雷军相比，小米时代的雷军确实飞了起来，从软件业的"老革命"一跃成为移动互联网时代炙手可热的新贵。

"成功仅仅靠勤奋是不够的"。"任何时候都要顺势而为,不要逆势而动"。雷军极聪明,年少成名。1969年出生于湖北仙桃,18岁考入武汉大学计算机系。雷军说,他用两年时间修完了所需学分,并完成了结业设计。大四那年,雷军和同学王全国、李儒雄等人创办三色公司,当时的产品是一种仿制的金山汉卡,在武汉电子一条街小有名气。但是,随后出现一家规模更大的公司把他们的产品盗版了,价格更低,出货量更大。很快,三色公司经营艰难。半年后,公司解散。清点资产时,雷军和王全国分到了一台286电脑和打印机,李儒雄分到了一台386电脑。大学结业后,雷军只身闯荡北京,1991年底在中关村与求伯君结识,随后加盟金山软件,成为金山的第六名员工。两年之后,雷军出任北京金山总经理。1998年,29岁的雷军升任金山公司总经理,堪称年少得志。但是雷军在这个台阶上一待就是十年,直到2007年底离开。这段时光,也是雷军"推着石头往山上走"的日子。求伯君立志让金山成为一家可以挑战微软的民族软件企业,理想之路步履维艰,金山历经从办公软件到词霸、毒霸,再到向游戏和网络的多次转型,几经起落。雷军带领金山五次冲击IPO,最终还是依靠网络游戏的业绩,在2007年10月成功在香港上市。但金山当年的上市估值,远不如同一年在香港上市的阿里巴巴,更不及早几年在美国上市的盛大、百度等互联网企业。雷军担任金山公司总经理之时,马化腾、丁磊等

第四章 涵容出彩的创新文化

人刚从学校结业到电信局上班，李彦宏还在美国念书，周鸿祎也才参加工作，马云筹办中国黄页在北京到处碰壁。

谈起小米，雷军认为成功一是靠勤奋，二是要找到最肥的市场，顺势而为。在雷军看来，所谓大成，和大势高度相关。就像他的两个爱好，围棋和滑雪，讲究的也都是"势"。雷军的勤奋，也是圈内知名的。金山时期，雷军就是中关村有名的"劳模"，平均每天工作12小时以上。这个习惯也带了小米。分歧的是，雷军在金山的时间更多花在管理上，而在小米，时间更多花在了产品上。在金山，他会要求员工穿正装上班，工位整洁；在小米，他会用十多人的团队花一个月的时间修改发布会的演讲PPT，最多的一次修改了100多遍。

而这个最肥的市场就是雷军认为的自己的"势"——智能手机和移动互联网。2010年4月，小米公司注册成立，第一个产品——移动操作系统MIUI在当年8月上线。2011年8月16日，小米手机1正式发布。随后，在一片质疑或赞誉声中，小米在2012年卖出719万部手机，2013年卖出1870万部手机。在此过程中，小米完成四轮融资，估值迅速突破100亿美元。小米已成为业界的现象级品牌。

风云幻化间，时势使然尔。多年之后，雷军回忆起这一段还颇为感慨："金山在上世纪90年代还很火，1999年互联网大潮起来的时候，我们却忙着做WPS，忙着对抗微软，无暇顾及。到2003年时，我们再环顾四周，发现我们远远落后了。那一瞬间，我压力非常大，作为CEO，我后面两三年每天都在想，什么地方出问题了，是团队不够好，还是技术不可，还是自己不够努力？"

而这种"势"还包括扎根在北京，不仅给了雷军自己更多的机会，还让他可以游刃有余地选人。在创办小米之前，雷军花了几个月的时间来找人，一旦遇上合适的人，他就穷追不舍，直到把人说服为止。他找来了谷歌中国工程院副院长林斌、微软中国工程院开发总监黄江吉、谷歌中国高级产品经理洪峰、摩托罗拉研发中心高级总监周光平、北京科技大学工业设计系主任刘德、金山词霸总经理黎万强，七个人组成豪华的创始人团队。

"看到最肥的市场，找来最厉害的人，事情没有理由不成功"。再在最为聚势聚气的北京出发，事情或许就更加锦上添花。

二 技术发明家成长起来的科技型企业家

一些掌握技术的发明家为了实现技术产业化，也走上了创办科技企业之路。如王码集团创始人王永民是五笔字型发明人，获得中国、美国、英国的发明专利，并向美国出口。

王永民，教授级高级工程师。1943年12月15日生于河南省南阳南召县一个农民家庭。通过刻苦学习，他以6门功课均分99.75的高分，考上了当时科技泰斗汇聚的中国科技大学。马大猷的电子学、严济慈的普通物理、华罗庚的数学、钱学森的力学，这些大师的课他都听过。在这人才济济的地方，王永民也马上向这些大师看齐，想争取在30岁前当上教授，为现代科学做贡献。

但人算还是不如天算，大学毕业那一年他就赶上了那个特殊的时期。按照指示，他种了两年水稻后，便被分配到四川永川山沟里的一家研究所工作。当时瘦弱的王永民，因水土不服，染上了肝炎和肾结石。整整8年时间里，他就在病床上躺了6年。

而原本打算趁年轻打拼出一番事业的王永民，人到34岁还一事无成。到1978年，王永民才被调回老家河南南阳，在科委当一名低调的办事员。当时科委有一台日本人发明的汉字照相排版植字机。这台用于印刷的排版机，虽应用到了当时较先进的光学技术，但其本质还是与铅字排印无差。工人还是需要从硕大的字模盘上，逐字挑选汉字，确认无误后印在纸上制版。所以这种方式，也称为排字，分"采字"和"植字"过程，还不能称之为打字。此外，这台机器在输入汉字时还不能校对，只要一出错就要重新照相制版，非常麻烦。当时川光仪器厂花了9万元，才解决了校对这个问题。但是负责改良排版机项目的王永民，却对这种大键盘深恶痛绝。当时他就对总工直言不讳地说，"能改错又怎样，谁又能记住24个字模盘中的上万个汉字，你能在上面找到自己的姓吗"？这话马上把总工激怒了，他大骂王永民，"你想给我当徒弟，还得再学三年！"王永民好歹也是中国科技大学出来的高才生，他也受不了激将法，便把心一横想发明一种更简易的键盘。1978—1983年，王永民以五年之功研究并发明了"五笔字型"，以多学科之集成和创造，提出"形码设计三原理"，首创"汉字字根周期表"，发明25键4码高效汉字输入法和字词兼容技术。

1984年，王永民带着一台PC来到了北京，在CCDOS作者严援朝的帮助下，将五笔字型移植到了PC上。王永民在府右街135号中央统战部的地下室7号房间，一住就是两年。"非常苦，一天七元房钱，我都出不起。"王永民推广五笔字型的方法是一个部委接一个部委讲五笔字型，虽然不少部委在自己的机器上移植了五笔字型，但大批人员需要培训。"谁请，我都去讲；中午有饭去，中午没饭也去；讲三天，讲五天都行。我全部费用自理，一分钱不要。"每到一个单位，都会遇到人说这个输入方法好，说那个输入方法好，"他们要我评价一下别的输入法，我不去说别人的，我说我都研究过，我只说我自己的，我没有工夫说别人的，也没有兴趣说别人的。"

正当王永民在地下室受穷的时候，DEC掏出20万美元购买了五笔字型专利使用权。1987年3月6日，王永民从地下室搬到远望楼宾馆。1989年7月25日，王码电脑工程开发部成立，当时不让注册公司。在这之前，王永民就成立了一个王永民中文电脑研究所，经营他请香港人开发的汉卡，一块汉卡卖1700多元。

凭借这种坚忍不拔的精神，王永民在当时取得了成功。在世界上，首破电脑汉字输入每分钟100字大关，获中、美、英三国专利。五笔字型轰动一时，被新华社4本"内参"评价为"不亚于活字印刷术"的伟大发明。王永民还被邀请到联合国讲学，获得了"五一劳动奖章"、全国劳动模范、全国十大科技实业家、北京市十大杰出共产党员等一系列荣誉。

三 由乡镇企业家转型而来的科技型企业家

为了顺应科技的发展，提高市场竞争力，20世纪90年代中期一大批乡镇企业家快速向科技型企业家转型。如奥宇集团创始人刘振邦，在北京大兴工业开发区创办北京奥宇模板有限公司，多年来坚持技术创新，实现乡镇企业向科技企业的转型，进而创建科技创业服务中心——奥宇科技孵化器。

1992年的春天，一个声音传进了奥宇集团创始人刘振邦的耳朵中——邓小平的"南方谈话"强调"社会主义的本质是解放生产力、发展生产力""中国改革的步子不是太快了，而是太慢了，改革的步子还要快一点，胆子还要大一点。"这声音，震撼了刘振邦那颗不断追梦、奋力圆梦的心。他以58岁的年龄，乘着南方谈话发表的东风创业办企业，决心创富一方，再圆一梦。

从跑项目筹资金，到北京奥宇模板厂成立；从自筹资金90万元，到企业产值增加105%，达到780万元，仅仅用了两年时间。1995年奥宇模板公司技术创新结出了第一颗硕果——发明了简模和门窗口模，这也是奥宇模板公司向国家知识产权局申报的第一项专利。在随后的6年里，奥宇模板厂又进一步开拓市场，建立起了租赁中心；获得了ISO9002国际质量保证体系认证，产品合格率达到100%；营业收入一度接近3000万元。

"改革的步子还要再快一点！"2000年，北京奥宇有限公司正式成立，一家新的民营科技企业在北京大兴异军突起。多年来，奥宇集团借助计算机和互联网，使企业走上了智能化的道路，建成了全国第一条耗资4000万元的模板焊接自动化流水线，使传统的模板生产跨入了自动化、智能化的新阶段。自此，奥宇的名字开始出现在全国的铁路和高架桥上，出现在国家体育场"鸟巢"。借助信息化手段，奥宇集团为祖国乃至世界建筑事业的发展做出了应有的贡献，产品应用遍布全国并远销海外20多个国家。

刘振邦不满足于此，借助计算机、互联网、大数据、云计算等信息化手段，奥宇集团经过不断地摸索和深化，打造出了具有信息化特色的"创业辅导、投融资、科技支持"和"基础孵化"等众多的孵化服务模式,为创业团队、初创企业和高成长企业提供了有针对性的孵化服务。

奥宇孵化器在中国经济转型升级的大背景下,立足北京,面向全国,连接世界,秉承"让产业更具活力,让投资更具价值,让创业更具简单"的运营理念,立志成为以信息化创新驱动促进中国经济转型升级的助推器,专注于打造文化与科技双轮驱动相融合的智能化创新孵化平台。2015年,奥宇孵化器通过搭建"创客+咖啡"、企业集聚区和青年公寓,打造创业、创新的众创空间,形成了"众创空间+孵化器+加速器"的信息化科技创业孵化链条。

在信息化技术的大力推进下,2017年,奥宇孵化器入驻企业实现技工贸总收入约22亿元,上缴国家税收8500万元,为社会吸纳就业人员2600余人。同时,奥宇孵化器的成功做法也激发了一批创新创业企业采取高科技手段,发挥区域社会效益,带动地方就业增长,促进地方社会事业进步和高新技术成果转化,优化了地方高科技产业结构,营造出了全民创业的良好氛围。

奥宇孵化器作为北京市大兴区第一家国家级孵化器,以其特有的信息化孵化模式开展服务工作,获得了北京市、大兴区相关政府部门和孵化器行业的认可。根据科技部火炬中心对孵化器的考评和定位,奥宇孵化器作为大兴区域龙头孵化器,经常开展行业交流会,和与会者共同学习、探讨成长经验，并依托于自身的信息化水平及良好的口碑和品牌影响力，在京南地区起到了辐射性和示范性作用。

四 由大学生和海归创业成长起来的科技型企业家

这个人才群体更具有新时代的特征。海外学成归国创业者对中关村创业创新影响特别大。其代表人物有搜狐公司的张朝阳、中星微公司的邓中翰、百度公司的李彦宏、启明星辰严望佳、科兴尹卫东、创毅时讯张辉、华锐风电韩俊良等。与此同时在校大学生和应届毕业生创业的也越来越多，如高维视讯公司的高燚、中文在线的童之磊、墨迹风云的金犁、Peak Labs 的季逸超等，其活跃程度发展潜力令人刮目相看。①

中星微公司的邓中翰是其中的典型代表。十八年前，邓中翰和杨晓东等一批在美国留学并在硅谷创业的博士响应国家召唤回国，在中关村国家自主创新示范区创建了集成电路设计企业北京中星微电子有限公司，承担并实施"星光中国芯工程"。此后，中星微坚持自主创新，突破芯片设计十五大核心技术，申请了 3000 多件国内外

---

① 王爱凤、王善杰、彭树堂：《北京创新创业人才特点及发展》，第十届中国科技政策与管理学术年会论文，2014 年。

技术专利，推出"星光"系列超大规模集成电路芯片，将"中国芯"大规模打入国际市场，结束了中国无"芯"的历史，并于2004、2013年两次荣获国家科技进步一等奖。集团董事局主席、首席科学家邓中翰也因在"星光中国芯工程"中的突出贡献，于2009年当选为中国工程院院士。

近年来，中国电子工业持续高速增长，集成电路产业进入快速发展期。2016年，我国集成电路产业结构持续优化、市场稳定增长，产业规模达到4335亿元，同比增速20%，其中设计环节超过封测环节成为产业第一链条，也成为国内集成电路产业颇具活力的领域。据中国半导体行业协会的统计数据，2016年集成电路设计业销售额为1644亿元，同比增长24%。2017年，集成电路等被写入政府工作报告，再次体现了国家对集成电路产业发展的高度重视。

邓中翰在大学二年级就开始从事科研，并发表重量级科研论文，获得共青团中央及中国科协颁发的"全国大学生科技竞赛挑战杯"奖。留学加州伯克利分校五年，拿下三个学科的学位，成为该校一百三十多年历史上横跨理、工、商三科的第一人，其纪录至今无人打破。

1999年10月，邓中翰应国务院的邀请，作为优秀留学人员回国参加中华人民共和国成立50周年庆典观礼仪式。站在观礼台上,邓中翰心生愧疚,"祖国有这么多的成绩,这么多的人在努力,可是我还没有为哺育我的祖国做过一件事情。""出去就是为了回来,"邓中翰下决心回国创业,"一定要把祖国的芯片产业推动起来"。

这一年冬天,在北京中关村一个仓库里,邓中翰和杨晓东、金兆玮等共同创立了中星微电子有限公司,他们获得了信息产业部电子发展基金的第一批种子基金,而后期的风险投资都由企业自主筹措,是一家以"硅谷机制"创立的中国本土企业。

时至今日,索尼新一代笔记本电脑的摄像头里,已经跳动着中星微的"星光五号"芯片。最让邓中翰难忘的是敲响纳斯达克的闭市钟声后,记者压根儿就不问中星微是做什么的,单刀直入:"作为中国第一家芯片设计公司。你们有自主知识产权吗?"邓中翰回答:"当然有。"勇于迎接挑战并善于战胜挑战的邓中翰,经常会在不经意之间流露出一股傲气。但他清醒地知道,完成了跳跃式发展的中星微还有很长的路要走。"必须瞄准全球第一去做,因为你即使在中国做到第一也一样会被别人灭掉。"

第四章 涵容出彩的创新文化

"泰山不让土壤，故能成其大；河海不择细流，故能成其深"，北京涵容出彩的创新文化是一种境界，也是一种资源。从紫气腾聚的长城到肃穆庄严的天坛，从仪态万方的皇家宫苑到新颖独特的奥运场馆，从普通的科研人员到乡镇企业家，从毕业的大学生到海归高端人才，包容的气质流淌在北京这座城市的每个细节之中，成为首都创新文化的重要展现。包容的精神使这座都市不仅坐拥物质的繁华，而且具备仁善宽广的博大气象，让来往之人，各得其所，人人出彩。

第五章　化物弘人的创新文化

当代世界，城市建设的目标，是最适合于人居的自然环境和社会环境。首都创新文化化物弘人，从人出发，追求人文导向，充分依靠人，尊重人，发展人，尽最大可能调动人的积极性、创造性，落位到人。同时利用科技驱动，营造优美环境，谋求众人的幸福共享，以更大的获得感、幸福感、安全感满足人民向往美好生活的新时代需要。

第一节　人文导向

从科技创新的本源来看，认识世界、改造世界的目的是为了求得现实世界中人与自然、人与人的秩序和谐统一。人性化的科技观是指充分认识、引导和提升科技活动中的人文价值，通过运用人文价值理性去规范、调节科学工具理性的行为，使科学趋于人文化、人性化。首都创新文化的人文导向具象表现为人性化的科技观。

它只是一种复归而不是新建。

在古希腊时代，就整体而论，对人的认识与对世界的认识是一体的人被宇宙化、自然化，而宇宙、自然则被人格化。在中世纪，基督教神学的绝对统治导致科学理性和人性的双重压抑，欧洲文艺复兴和启蒙运动又重新发扬了古希腊思想中的理性传统和人文精神，贯穿于启蒙运动中的启蒙精神认为，要使人成为自由、觉醒、成熟的人，唯一途径就是大胆使用人的天赋理性。近代科学正是运用理性方法，通过经验观察和理性推理，奠定了自身发展的基础科学的发展得益于人性的复归。

19世纪末，德国思想界掀起了一股将自然科学与人文科学严格对立起来的强大思潮。到了20世纪二三十年代，逻辑实证主义把这种对立推向极端，形成了科学主义。科学主义辐射到社会文化领域，变相为"科学万能说"，把人类生活中起着非常重要作用的人的情感、信仰和价值因素排除在科学视野之外，科学与人性之间形成了一条鸿沟。两次世界大战以后，先进的科学技术越来越广泛地运用到生产领域，社会生产力成倍增长，物质财富空前繁荣，科学主义进一步膨胀。科学主义者信仰科学、崇拜科学、迷信科学，他们认为科学是万能的，科学研究的是自然界、是没有人作用的纯自然界，它所揭示的自然规律，是同人的存在无关的规律，科学家必须超越自身，排除情感，用理性思考，人只需成为会思维的机器。

创新文化中人的价值理性丧失,其结果是社会因为科学技术发达和广泛使用而空前繁荣的同时,人类出现了严重危机:人的精神家园丧失,人类赖以生存的地球满目疮痍。人类对自身的存在和发展感到迷茫和困惑。可以说,是科学主义把人类社会引向了歧途。人类社会的生存现状告诉我们:必须重塑人性化的科学观。科学不仅是人类认识世界的工具,还应该是一项集认识世界、服务社会和关怀人生三大功能于一体的全新事业。一切科学创新活动必须服从于人类的永续发展。其实,即使从科学研究本身来看,也是迫切需要建立人性化的科学观。根据混沌理论,当代人类面临的环境、社会、经济问题,都可能在微小的不确定因素干扰下发生大事件,诸如温室效应、臭氧层破坏、环境污染、水、能源、粮食、克隆技术等,既是重大的科学技术问题,也是经济问题乃至社会问题。从根本上来说,这些问题的解决已超越于科学技术能力,只有综合运用科学、人文和社会知识以及先进的技术手段,才能形成解决世纪难题的最佳方案。正因为如此,西方不少学者提出了"对科学的人文理解"或"科学思想中的充分的人文主义"问题。美国著名学者萨顿在对科学史进行潜心研究的基础上,主张建立新人文主义或科学人文主义。他指出:"科学是我们精神的中枢,也是我们文明的中枢,是我们智力的力量与健康的源泉,然而不是唯一的源泉。"他认为,倘若走向科学主义的极端,就有可能与人文精神背离,因此，必须准备一种新的文化，第一个审慎地建立在科学——在人性化的科学之上的文化，即新人文主义。这种新人文主义将围绕科学而建立，最大限度地开发科学，同时也赞美科学所包含的人性意义，并使它重新和人联系在一起。我们是在人类经历曲折和磨难以后才重新找回了科学中的人文意义。[1]

北京创新文化发展过程中也有这样的阶段。在第二章中我们介绍了北京的城市发展历史，以中轴线为城市设计的核心特色，并严格遵照了《周礼·考工记》中记载的"九经九轨"、"左祖右社"、"前朝后市"等一系列建城规制，被梁思成先生誉为"都市规划的无比杰作"。然而，改革开放以来的快速城镇化过程中，由于不少人将香港、新加坡、曼哈顿、迪拜等城市形象视为城市现代化的唯一样板，未能充分意识到"只有民族的，才是世界的"这一发展理念，北京在一定程度上也受此影响。在快速发展的利益诉求下，城市从设计到实施建成的周期被不断压缩，难以让人静下心来对城市的历史文化特色进行深度挖掘；由于政府与技术专家组成的"精英"团体长期垄断城市发展的话语权，甚至对一些国外理论与专家不经本土化思考地盲目崇拜，不顾及市民的真实诉求与感受，致使新建城市"千城一面"，

---

[1] 王瑛：《论创新文化特征》，《东南大学学报（哲学社会科学版）》2004年第5期，第10—14页。

我国千百年文化积淀形成的城市设计精髓理念，日渐式微，太多城市步入了文化迷失，北京也走入彷徨。

除了一些不中不洋的大型公共建筑外，市民利用率最高的市政建设，诸如道路、桥梁、车站等公共设施往往被忽略。漫步北京，违反人体工学，违反行为建筑学和建筑伦理学的一些病态建筑并不少见。而断头盲道、让人碰头的过街天桥、马路中间凸起的井盖、马路牙子不设无障碍路口等更是不时出现。

好在从中央政府到北京市各级部门都已然认识到问题的严重性，并出台了相关政策。2016年《中共中央国务院关于进一步加强城市规划建设管理工作的若干意见》中明确指出，应当通过加强城市规划工作、塑造城市特色风貌、提升城市建筑水平、营造城市宜居环境等九个方面，提升我国城市规划建设管理工作水平。《城市设计管理办法》（中华人民共和国住房和城乡建设部令第35号）已经审议通过予以发布，自2017年6月1日起施行。其中，第四条规定明确指出：城市设计应当"尊重城市发展规律，坚持以人为本，保护自然环境，传承历史文化，塑造城市特色，优化城市形态，节约集约用地，创造宜居公共空间"。

首都创新文化正是追求把"以人为本"的人文关怀精神落到实处，故此要充分地依靠人。依靠的前提是尊重、回归生命的尊严。每一个人作为大写的人，都是具有独立人格的人，都有做人的尊严和做人的权利。无论是东方或西方，人们常常把尊严看作比生命更重要的精神象征。当一个人被尊重，被肯定时，会产生一种自尊意识，会对自己有严格的要求，会尽最大努力去完成自己的职责。尊重的标志是人人有选择的权利，有决定自己命运的权利，而不是把命运交给少数人支配。现实生活中，尊重人才正被普遍接受，但尊重人的意识却尚未建立。其实，真正尊重人，对人才的尊重也就包含其中；而不尊重人，对人才的尊重就只能是暂时的、表象的、功利的、实用主义的。此外，追求人文导向，也要发展人，而发展人就要开发人的潜能。生命有限，智慧无穷。人们通常都潜藏着大量的才智和能力。解放生产力，首先就是人的解放。创新文化的建设意义在于为亿万人民聪明才智的充分发挥创造良好的环境，让人们以极大的热忱和创造力投身于创新活动中去，最大限度地调动人的积极性、释放其潜藏的能量。注重人的全面发展[①]。一个崇尚创新的社会，必将是亿万人民精神焕发，心情舒畅，励精图治的社会，必将为人的自由而全面发展创造出广阔的空间。进一步说，人的日益自由而全面的发展，是创新文化繁荣的前提，也是人类社会发展的终极目的。

发展创新文化的目的是为了鼓励创新、促进创新。

[①] 王瑛：《论创新文化特征》，《东南大学学报（哲学社会科学版）》2004年第5期，第10—14页。

不论是就发展创新文化而言,还是就创新而言,人是最根本的。人是创新的主体,创新与人的行动和经验以及他们所拥有的思想、价值观、信念乃至情感密切相关。要创新,就必须充分发挥创新主体的主动性和积极性,需要有活跃的思维、顽强的毅力和坚忍不拔的精神。发展创新文化就是要为创新主体营造一个适合创新特征,符合创新规律,从而实现创新的良好环境。只有坚持以人为本,才能充分发挥人的主观能动性,激发创新思想,提高创新能力。坚持以人为本,创造一种良好的文化氛围,尊重人的自由探索,尊重人的首创精神,鼓励和激励人通过创新努力实现个人价值,让其以个人成就展现自己;提倡团队合作,建立学习型组织,创造条件充分发挥人们的聪明才智和想象力,发挥他们的集体智慧和团队精神,真正让创新文化的力量深深熔铸在民族的生命力、创造力和凝聚力之中[①]。这就是首都创新文化人文导向的应有之义。

第二节 科技驱动

文化、科技两者相辅相成、相互作用,不可分割,成为推动我国经济发展的重要力量。科技是文化的重要

---

① 李俊兰:《论发展创新文化对建设创新型国家的重要意义》,《前沿》2010年第10期,第20—22页。

内容。文化是人类所创造的物质财富和精神财富的总和，反映了一定时期物质文明和精神文明的水平和特点。科学技术作为社会智力发展的一个方面，既是文化的重要内容之一，也是文化的重要体现形式。文化发展为科技发展建立了重要基础。人类物质财富和精神财富是互相促进的发展领域，没有社会文化水平的整体提升，科技也难以获得发展的土壤和应用的空间。文化的发展不但为科技发展提供了必要的环境条件，也影响着技术的选择与发展路径，进而对社会发展产生新的影响。

科技的应用无时不在塑造着社会文化的形态，影响着大众文化的变迁。高新技术的发展直接影响着社会文化及其发展演变。同时，科技与文化结合，才能充分体现以人为本、可持续发展的理念，才能有效推动新技术的转化应用，促进和塑造社会物质文明向着健康的方向发展。

科技发展为文化的繁荣发展提供了重要支撑和手段。正是电影、电视、互联网等技术的进步，文化才有了更多的表现形式和传播手段。新闻出版、广播电视电影、传统文化保护、艺术等文化服务行业的提升，新的文化服务形式和业态的形成，都需要科技的支撑、引领。

文化和科技融合过程中，文化绝不是被动地、机械地、简单地受制于科技。文化发展为科技创新提出需求，科技创新又为文化发展提供技术支撑，并通过文化表现形式拓展文化传播渠道和传播能力。文化与科技深度融合及二者间相互促进、相辅相成的关系共同形成城市的创新力、竞争力、凝聚力，为城市文化精神注入刚劲有力的生长力。

文化与科技互相借势、协同推进形成共生发展。从文化对科技的期待看，至少有三个战略性节点，即：利用新技术改造传统文化业态，提升传统文化业态的科技含量和技术水平；指导和支持推广运用新技术，壮大新兴文化业态的规模和量级；加大对文化技术的研发投入，在文化制造、文化展示和文化传播技术上实现重大突破。

从科技对文化的期待看，也有三个战略性节点，即：萃取中国文化精华，提高科技创新的整体水平；改善文化发展的质量和水平，增强科技发展的市场空间和创造活力；传播和便捷获取文化内容产品和服务，激励文化技术的创新和运用。

现阶段，以科技驱动为主，文化科技融合已经成为首都创新文化的重要特色。2011年11月，党的十七届六中全会通过的《中共中央关于深化文化体制改革推动社会主义文化大发展大繁荣若干重大问题的决定》中明确指出：科技创新是文化发展的重要引擎。要发挥文化和科技相互促进的作用，深入实施科技带动战略，增强自主创新能力。北京市委、市政府适时地提出了"文化创新"和"科技创新"的双轮驱动战略，出台了《关于建设中关村国家自主创新示范区的若干意见》等文件，加大了对中关村自主创新的投入和鼓励政策。颁布和制定了《中共北京市委关于发挥文化中心作用加快建设中国特色社会主义先进文化之都的意见》等文件，对文化和科技给予前所未有的高度重视。2012年5月18日，科技部、中宣部、文化部、广电总局、新闻出版总署五部门联合发布了首批国家级文化和科技融合示范基地。北京中关村国家级文化和科技融合示范基地等16家被认定为首批国家级文化和科技融合示范基地。2012年11月，党的十八大报告提出，促进文化和科技融合，发展新型文化业态，提高文化产业规模化、集约化、专业化水平。为文化与科技融合注入了强心剂，促进了文化科技融合的迅猛发展。2012年12月24日，市政府召开专题会议，研究《关于实施"双轮驱动"战略加快推进文化科技融合发展的意见》和《北京市推进文化和科技融合发展三年行动计划（2013—2015）》，指出推动科技与文化融合是加快转变经济发展方式的关键抓手。

此后"十三五"期间，《国家创新驱动发展战略纲要》《国家"十三五"时期文化发展改革规划纲要》《国家文化科技创新工程纲要》和《国家文化和科技融合示范基地认定管理办法（试行）》等纲领性文件相应出台。推进文化和科技融合，打造文化和科技深度融合的示范区、政策体系和管理机制先行先试的试验田、文化科技产业创新发展的先锋队，国家对文化科技融合高度重视。

北京作为全国文化中心和科技创新中心，文化资源丰富，科技实力雄厚，高端人才荟萃，拥有一批具有一定国际影响力的创新成果。在促进文化与科技融合发展方面，具有得天独厚的优势。文化与科技的融合已经逐步成为北京经济社会发展的新引擎、新增长极。全市近1.6万家国家级高新技术企业中，文化创意企业超过3000家。截至2018年5月，北京市在新三板挂牌的文化创意企业共804家，其中软件、信息技术服务和互联网相关服务企业合计占比近八成，展现了本市文化科技融合的强大发展实力。

这种文化与科技深度融合共生发展对首都创新文化具有积极效应：一是创新文化内容服务经由新的科技进步和发明而不断加速其传播、获取和反馈，最终更好地改善内容服务并为民众所切实便利地享有；二是促进经济结构调整和发展方式转变，提升服务业的规模和比重，有效改善生活的品质；三是促进社会生活的扁平化，提升首都城市现代文明形象，使其更时尚、更有魅力。

为了让文化科技进一步深度融合，北京提出每年认定一批市级文化科技融合示范基地，给予一定的奖励支持。实施重大项目带动战略。统筹利用好政府财政资金及土地出让政策，集中支持一批文化科技融合重大项目，探索以协议方式出让或者租赁文化科技用地。建立健全文化科技融合发展服务平台，主要包括公共技术研发与服务平台、文化科技信息服务平台、文化科技交易平台和文化科技中介服务平台。进一步加强科技创新对文化发展的支撑，围绕文化产业、创意创作、设计制作、展示传播等关键环节，突破制约文化创意发展的核心技术瓶颈；加强知识产权保护和技术标准创制工作，不断提升产业核心竞争力；加快科技成果转化应用，聚焦新闻出版、广播影视、文艺演出、旅游体育等重点领域，开展技术开发与技术应用。此外，加强物联网、大数据、云计算、量子计算、区块链、人工智能、虚拟现实与增强现实、人机交互、全息成像等技术的应用。

在2018年，中共北京市委、北京市人民政府印发《关于推进文化创意产业创新发展的意见》，将全面推动文化科技融合，打造数字创意主阵地，作为北京市文化创意产业发展创新发展两大任务之一，文化与科技融合被北京市推到了前所未有的重视高度。通过这些举措，让首都创新文化中科技韵味更浓，科技感更强。

第三节　引领时尚

厚重的历史文化积淀塑造了北京古老、传统的城市形象，但这并不是北京的全部。新时代的建筑创新、景观创新、工业创新等各种门类的创新已经步入北京城市人文景观、城市建筑和公共设施等不同领域，在多元文化融合的背景下，各类风格的创新时尚艺术作品被纳入城市规划，与环境相融，让人们在北京能处处感受到创新艺术的美，引领北京打造一张张迈向世界城市的时尚名片。

一　增强北京人文景观的文化韵味

城市是一本打开的书，记载着它的历史和辉煌，而人文景观无疑是书中最优美的篇章。岁月的长河留给北京众多古代人文景观。而随着时代的发展，奥运会等影响世界的大事件给北京留下了新的人文景观，这些人文景观是代表北京的城市符号，融汇了传统与现代、民族与世界等多种创新风格，既具传统古韵，又富现代气息，古典美与现代美相融合，流露出独特的民族特色和现代文化气质。

奥林匹克公园从创新思想上展现了古老北京与现代北京在时空上的衔接。园内水系形状犹如一条水龙，与旧城内水龙遥相呼应，在城市南北中轴线上形成龙攀中轴、左右舞动的格局，使中国龙的传统文化元素在新北京城市文化建设中不仅有了传承，而且有了创新和发展。园内建筑注重方位，遵循中心明显、左右对称的都城建设思想。"鸟巢"（国家体育场）和"水立方"（国家游泳中心）分立中轴线两侧，一静一动、一刚一柔、一圆一方，集中体现了中华传统文化和阴阳五行学说。

鸟巢与水立方在传达中国传统建筑理念的同时，注重吸收国外建筑大师的创新思想，充分运用了现代建筑材料。在建筑结构上，鸟巢复杂，水立方简洁；在建筑外形的装饰材料上，鸟巢使用钢结构，水立方使用膜结构；在建筑寓意上，鸟巢代表温暖、厚重，水立方代表寒冷、冰洁。这种强烈的反差既体现中国传统建筑的造型特点，又具有现代建筑造型的创新思维，同时诠释了北京城市建筑文化的对称与和谐，是北京传统文化与现代时尚相融合的生动体现。

图 5—1 水立方与鸟巢夜景（作者摄）

二 造就北京地标建筑的独特魅力

风格各异的现代城市建筑，是北京给人们最直接的视觉冲击,不但改变着城市的面貌,也为北京注入了新的文化元素与活力。一个个现代化建筑成为城市的新地标,这些新时代的大体量建筑,承古启今,洋为中用,注重创新,时尚与传统并存,散发出创新的艺术气息。城市的标志性建筑记录着一个城市在特殊历史时刻的内在悸动,大气磅礴的北京地标性建筑,更是北京飞速发展和雄心壮志的写照。

国家大剧院建筑造型新颖、前卫,构思独特,中心建筑为独特的椭圆形球体,四面水池环绕,建筑主体与绿化广场、道路水池有机构成一个水上明珠建筑造型,堪称传统与现代、浪漫与现实的完美结合,体现出了大剧院的艺术特色。

中央电视台新址是世界上仅次于美国五角大楼的第二大单体建筑,造型独特,结构新颖,通过环行创新把电视台丰富的功能顺畅地连接起来,并营造了一个丰富的视觉效果,使大楼从不同的角度看有不同的效果,因而即使在摩天大楼林立的CBD地段也十分惹眼。

首都机场三号航站楼是目前世界上最大的单体航站楼,从空中俯瞰,犹如一条巨龙昂首卧于北京的东北方,形成了充满整体动感的建筑体量,无论建筑外形,还是内部景观,都在时尚元素中融入了中国古典意象文化,向世界展示了一个全新的国门形象。

北京南站的建筑造型独具匠心,吸取和借鉴了天坛的建筑元素,运用现代的建造技术手段,位于中央最高处的整体椭圆形屋面与中国古建筑的曲线屋面相吻合，隐喻中国皇家建筑的层次感和地位。双椭圆形的外观，对称的立面形态，逐级跌落的屋面，使北京南站既呈现出古典的庄严，又散发着时代的气息。

作为北京超高层建筑代表作品的国贸三期，标志着城市建设不仅仅是追求视觉上的宏伟壮丽，而且也把生态保护和人本身的生存质量提升到了更重要的位置。创新师巧妙地将世界最新建筑潮流与国贸中心现有建筑群有机结合起来，成功地创新出一个新的综合建筑体系，创造出令人无法忘却的标志性建筑物。

三 丰富北京社区住宅的艺术气息

北京的社区住宅已经走出模式化、批量化的发展模式，逐步摆脱社区建筑形式单一，一排排摆列的特点，开始更多追求社区住宅的艺术和生活品位，其建筑形式也更加丰富，无论空间、功能都呈现出多元化的特征。它们不仅装点了城市，也代表着北京城市精神与文化的完美契合。

北京世纪东方城为创造一个艺术化的城市社区，创新注重从远、中、近三个距离对它进行精雕琢：从远处看，宏大的群体造型夺人眼球；进入社区，色彩、线条、窗与墙的虚实对比恰到好处；回归家中，每一处阳台栏杆、扶手、踏步都凸显建筑细部的美感。结合不同的住宅楼体，整个建筑外观以黑、白、灰等基本色调形成淡雅、简洁的主题，并突出有韵律的建筑元素的协调变化；建筑顶部采用多种元素和技巧，使这一超百万平米的大型住宅社区拥有变幻无穷的建筑形象。

北京苹果社区由三十多个独具自然与人文底蕴的现代院落组成，这些院落抽象了中国民居建筑文化符号，如安徽的马头墙、北京的四合院垂花门、云南的"一颗印"宅院、广东的"镬耳屋"、江南"四水归一"天井院，再用现代建筑手法平行构置而成，通过在对比中谋求一种对话、在碰撞中寻求一种融合，从而打造一种打破时间、空间维度限制的全新住宅建筑语境。

四 流露北京交通设施的审美情趣

到 2020 年，北京地铁轻轨线路将达 30 条，总长超 1000 公里。四环路内站点覆盖率将达 95%，线网密度每平方公里 1.4 公里，居民步行 10—15 分钟就能到达一个地铁站。然而，让人激动的并不只是这些数字，而是那些蕴藏在城市公共交通设施中的创新元素，因为艺术化的创新，北京公共交通设施已经远远超出她所承载的应用功能，给人们带来了更多的视觉享受和精神愉悦，在细节上对北京进行着补充和修饰。

北京地铁的风格创新，改变了最初的统一布局，开始引入艺术元素及北京特有的人文符号。最明显的是轨道交通色彩识别的引入，每条线路都形成了一个主色调，红色的 1 号线、蓝色的 2 号线、绿色的 4 号线……不仅方便了乘客识别，更让繁忙的地铁透露出别样情趣。

地铁纪念卡票的推出，丰富了地铁对文化的承载力，主题为"子鼠"、"熊猫"、"劲牛"以及"奔马"的文化纪念卡各有丰富的寓意，例如，"熊猫"寓意地铁运营和谐平安，"奔马"寓意承载和速度，体现了北京地铁"提升北京速度"的理念。

地铁换乘大厅的艺术装饰同样别出心裁，如圆明园站大水法的远景浮雕跃然墙面。动物园站装饰墙完全采用儿童画的动物造型、色彩，甚至完全模仿儿童画没有规则、极其随意的构图模式；一些车站还采用了与所处地域对应的主题装饰，如"中关村"站电路板图案的吊顶显示出该地域发达的电子高新技术，"平安里站"立柱上的抽象京剧脸谱，呼应附近的国家京剧院。

出租车的外观创新也变得更加现代、亮丽，和北京城市环境和风景相映成趣，"春绿"、"夏红"、"秋碧"、"冬紫"，可谓与四季遥相呼应，富有变化和诗意。这些时尚动感、大气阳刚的外观创新，和北京作为历史古城、现代国际城市的深厚经典、开放创新的城市形象，可谓相得益彰，折射出北京新形象和新内涵。

五　创新营造北京城市空间的灵动生气

城市就像一组舞台，展示了各种各样适合人们使用和富有艺术性的"街具"，这些"街具"犹如北京的城市家具，散布在北京各色各样的广场、街道空间，成为北京景观组织中不可缺少的元素。艺术化的创新，使这些"街具"为北京平添了几分灵动和生气。

在所有的北京"街具"中，最闪亮的无疑是城市雕塑。作为凝固的艺术，她代表了北京的"表情符号"，是城市的文化坐标。长安大戏院门前的京剧脸谱造型"中国风"雕塑、国际金融大厦绿地中的立体草书"龙"字雕塑、西单文化广场的风筝造型"蒸蒸日上"雕塑、建国门绿地风车造型"和风"雕塑等，共同衬托出北京浓郁的传统文化意识和开放大气的时代精神，堪称创新造型优美的精品。

行走在北京的大街上，创新感十足的"街具"随处可见。王府井大街上与花坛结合一体的座椅和造型独特的街头座椅，为人们提供了富有情趣的小憩空间；地铁站口由拖挂式房车改装的流动快餐车，集成了众多功能，造型简洁，线条饱满；数不胜数的各种广告牌上，时尚消费、影视快讯、电子产品等广告创新精美，更换频繁，显示出北京庞大的消费潜力和审美情趣；前门大街鸟笼、铜鼓、冰糖葫芦等具有老北京特色的路灯衬托出百年老街的历史韵味……这些创新"街具"在视觉上形成城市的节点与记忆，诉说着北京的城市品位与文化内涵。

第四节　环境营造

创新环境的营造主要反映培育创新和创新性企业所

面临的硬环境和软环境，是提升城市创新能力的重要基础与保障。创新环境不仅和公共科技政策有关，而且和社会文化理念有关；信息传播和知识扩散不仅要通过学校等正式教育途径，还需要借助图书馆、社交等非正式教育途径；创新主体的创新活力不仅受个体环境观念影响，也受宏观的制度环境制约，对此北京不断在努力。

一 向"天人合一"的自然环境取经

2017 北京国际设计周由来自 20 多个国家的万余名设计师及设计机构参与的千余项设计活动，在京津冀三地举行，约 800 万人次参与了这项北京文化"大事件"，更有国内外 5000 多万人次通过网络展览、在线直播等形式关注设计周，带动文化旅游和各类设计消费超过 30 亿元，活动规模比肩世界规模最大的设计盛会。在这些数字背后，这个经历九年八届的品牌活动，已成为国庆期间的"节中节"，更在慢慢"变脸"，让"设计"这个词汇渐渐超越我们以往的理解。

2017 年设计周的主题展名为《合应自然——设计助力人类永续发展共同体》，策展人从《考工记》等中国传统典籍中选择了 19 个最具当代价值、世界意义，同时又能够代表中国设计精神的关键词，与中国设计师的作品相对应。"格物致知""平淡天真""知者创物""日用即道""以形写神"……这些饱含中国哲学思想的关键词，其中所蕴含的简约、和谐、绿色、实用等设计理念,影响着中国设计师的创作,也是西方设计界所提倡的。回归传统,寻求天人合一,创新文化的最优载体。

重新审视中国文化,是农业文明的结晶。农业生产的一大特点,就是"靠天吃饭"。农业生产,讲究"天时、地利、人和"。因此,中国文化将和谐视为世界上常住而有效的自然规律,并以能够认知这一规律为明智,即所谓"知和曰常,知常曰明。"《老子·五十五章》在人和自然的关系上,中国哲学主张顺应自然的"无为"之道,而减损违反自然的"人为"之举(在中国的汉字中,"人为"为"伪")。"上德无为而无以为;下德为之而有以为。"(《老子·三十八章》)在人和自然的关系上,中国哲学所追求的理想境界,就是"天人合一"。"合"与"和"通。"夫合者,和也。乃阴阳相合,其气相合。"《三命会通·论支元六合篇》"天人合一"实为"天人和一",即:人是自然的一部分,人和自然是有机统一的整体,人应当与自然和谐相处,应当效法自然、遵守自然规律。

新一轮总规中,老城的保护与复兴,以及对历史文化遗产的保护都得到了前所未有的重视,并且首次将四合院与胡同写入保护规划中,不再采取大拆大建的改造,而是采用提升居住环境、提高生活质量的方式进行保护,大量的民居也会因此而得到保护。对于文化与遗产的保护能够深入到普通大众的生活中,保护与世世代代市民相关的民间文化与遗产,能够极大激发人们保护历史文化名城的自觉性与积极性，让首都人民重塑文化自信。市域保护层面，加强了对三山五园与老城的保护，让北京能够成为全国文化中心，同时积极承办、举办大型国内国际文化节，努力打造国际交往中心。重塑以中国文化为灵魂的中国建筑，从选址定位到规划布局，从空间分割到室内设计，注重顺天时、应地利，以求天人之和。讲究来自"天然之理"的"天然之趣"，追求"虽由人作，宛自天开"的天人合一的意境，即所谓"天然图画"。①

图 5—2　西山晴雪（作者摄）

---

① 韩增禄：《文化自觉与北京创新——中华文脉在北京古都现代化建设中的重要地位》，国际创造学学术讨论会论文集，北京，2006 年。

二 "首都蓝天行动"见证创新活力

北京创新环境的最大一个短板,是影响人居的生活环境问题仍然突出。从指标来看,北京城市人均公园绿地面积位于全国第13位,每千人口拥有医院病床数仅位于全国第17位,更为"刺眼"的是过去让人感到窒息的"雾霾天"。根据国际环保组织绿色和平的数据,2014年,北京只有47.1%的达标天数,与2013年相比下降1.1个百分点,年均浓度为85.9微克/立方米。2015年上半年北京的均值为77.8微克/立方米,是全国31个省份中浓度第三差的地区,空气污染状况严重。空气质量差是北京创新文化打造中的阻碍因素。

为了突破这个顽疾,从2014年7月起,北京陆续关闭燃煤电厂,加大环境整治力度,空气质量逐步得到改善。根据北京市环境保护局的数据:2015年第三季度,北京达标天数比例提升至54.3%,浓度同比下降29.7%。2016年前三季度,北京优良天数比例为56.1%,同比提高5.6个百分点;浓度为63微克/立方米,同比下降10.1%。2017年,北京市空气中细颗粒物(PM2.5)年均浓度为58微克/立方米,同比下降20.5%,完成国家"大气十条"下达的60微克/立方米左右的目标。截至2018年上半年,北京市空气中细颗粒物(PM2.5)平均浓度为56微克/立方米,同比下降15.2%。累计达标天数为99天,同比持平;空气重污染天数为8天（含1天臭氧重污染），同比减少9天。在北京常住的人们最直观的感受是蓝天越来越多。北京正发起一场"首都蓝天行动"，让创新文化配上"北京蓝"。

为了留住蓝天，不让蓝天成为奢侈品，市政府发布实施了《北京技术创新行动计划》，为促进城市可持续发展和服务民生重大需求提供科技支撑，形成创新驱动的发展格局。其中，"首都蓝天行动"是十二个重大专项之一，是"一号专项"。该专项部署了四项重点任务，即：大气污染成因与预警预报研究、能源清洁高效利用、推广应用新能源和清洁能源汽车、重点污染源防治技术研究与示范。到2017年，建立动态高分辨率的污染源排放清单，提高重污染天气的预测预警准确率，推广应用20万辆新能源和清洁能源汽车，生物燃气形成约2亿立方米生产能力，全市工业重点行业挥发性有机物排放比2012年累计减少50%左右，燃气工业锅炉氮氧化物排放大幅降低，促进环保产业快速发展。

通过多年的科研攻关，北京弄清了PM2.5的主要来源、实现餐饮油烟在线监测、供热锅炉房用上烟气余热回收利用一体化设备……时隔一年，北京市在大气污染成因与预警预报研究、能源清洁高效利用、推广应用新能源和清洁能源汽车等方面都取得了积极进展，共布局70余项重要的科研项目，有效支撑了首都大气污染治理工作，为北京留下"APEC蓝"打下坚实基础。

此外，北京市还联合天津市、河北省的科技部门推

蓬勃开放的创新文化

图 5—3　越来越经常出现的"北京蓝"（作者摄）

动"京津冀钢铁行业节能减排产业技术创新联盟",该联盟整合了京津冀钢铁生产企业、节能减排机构、高校院所及金融机构等 70 余家单位，集成了技术、金融和市场用户资源，搭建"政产学研用"产业融合发展平台，促进科技成果在京津冀区域的快速产出、转移、落地转化，打造一条京津冀钢铁行业的生态价值链。目前，在联盟搭建的绿色金融服务平台上，已达成京津冀节能减排融资额度 300 亿元左右。

同时北京积极健全环境管理信息系统，完善和优化水、气、土壤、噪声、固废、生态等环境监测监控设备，建立环境监测数据标准体系和环境信息数据库，开展环境治理设施及监测监控设备的运营服务，保障环境监测、治理体系的高效运转，提升城市环境管理能力。在为首都空气质量改善做好科技支撑的同时，也为首都创新文化的建设注入"一抹蓝"。

三 营造人才争相而来的创新环境

习近平总书记在指导人才工作时曾指出，"环境好，则人才聚、事业兴；环境不好，则人才散、事业衰"，这充分说明了发展环境对于人才竞争力的重要性。北京以"咬定青山不放松、一张蓝图干到底"的劲头，塑造良好环境，细化分解任务，用足用好政策。努力营造开放、宽松、公平的创新创业环境，使勇于创新成为北京的一种品格、一种风尚。要坚持把科普工作放在和科技创新同等重要的位置，关心爱护广大科技工作者，为他们的工作和生活创造更好条件。把北京打造成为全球创新创业最为活跃、高层次人才向往并主动汇聚的"人才之都"。北京各级政府部门积极规划、制定科学、有效的吸引人才政策，构建了处于全国领先水平的人才配套建设体系。

在人才政策领域，北京首先在引智政策顶层设计中出台了《首都中长期人才发展规划》和《关于深化首都人才发展体制机制改革的实施意见》，在政策规划层面依托中关村持续出台一系列吸引国际人才的政策，如

《公安部支持北京创新发展20项出入境政策措施》等，指出要"聚天下英才而用之""培养和造就一支数量充足、结构优化、素质一流、富于创新的人才队伍"。

其次，北京高度重视高层次人才的引进，从不同层面出台了一系列人才引进计划，如"海外人才聚集工程""中关村高端人才聚集工程"，海淀区的"海英计划"和朝阳区的"凤凰计划"等。不仅在政策层面支持国际人才来华工作或创新创业，还建立相关的服务体系，帮助国际人才解决居留、子女教育、住房等各方面生活问题。

最后，在出入境政策创新方面，北京积极与公安部合作，努力为国际人才入境、居留提供便利。具体来说，北京航空口岸（首都国际机场）首先从2013年起对51个国家的人员实施72小时过境免签，并于2015年8月底进一步加大开放程度，试行24小时直接过境旅客免办边检手续政策。更重要的是，公安部于2016年1月推出了支持北京创新发展的20项出入境政策措施，放宽了国际人才入境、居留的政策并明确、简化了办理流程。

在国际人才配套建设方面，北京不仅在留学人员创业园、海外高层次人才创新创业基地、侨梦苑建设方面走在全国前列，还积极举办中国留学人员回国创业与发展论坛、创业与知识产权沙龙等国际人才引进与对接活动。

在人才引进方面，中关村国际人才特区的案例最为典型。中关村作为中国第一个国家自主创新示范区，拥有高新技术企业近2万家，其中，独角兽企业67家，占全国一半左右，是全球仅次于硅谷的独角兽最密集区域。创新创业保持活跃态势，全年新设立科技型企业近3万家，日均新设立80余家。作为国家试点，率先推出开放国际人才引进使用的20条政策，为北京"瘦身提质"、构建"高精尖"经济结构、利用科技创新驱动发展，注入新的活力。中关村着眼于打造优质的"类海外""超海外"环境，探索依托外籍领军人才建立新型研发机构的模式，为他们搭建施展本领的平台。

与传统的引才工程相比，中关村国际人才创新创业生态系统建设工程为提高国际人才竞争力，有针对性地提出了"完善跨境科技金融服务""抢占知识产权与技术标准制高点""营造国际人才发展'软环境'"等主要任务，力图为国际人才在中国的发展提供良好的创新创业环境。在国际高端人才引进方面，中关村国际人才创新创业生态系统建设工程已初见成效。小米公司成功吸引谷歌全球副总裁雨果·巴拉（Hugo Barra），强力助推小米的移动互联网生态建设；百度不仅引进了微软公司原全球资深副总裁张亚勤担任总裁，还聘任了国际人工智能权威学者吴恩达作为"百度大脑"计划首席科学家。

为国际人才开通申请永久居留的"直通车"实施一年多来，已有353人拿到永久居留证，为包括联想、百度、小米、北汽等中关村企业引进百余位外籍高端人才，解决了这些外籍人才在华工作和生活的后顾之忧，被外籍人才誉为"世界上办理速度最快的绿卡"。为了拓展海外引才渠道，中关村在主要发达国家建立了10家海外联络机构，聘请一批海外院士专家担任中关村海外顾问。截至2017年，中关村已有"千人计划"专家1343名，占全国近20%。

近年来，中关村紧扣创新驱动实质是人才驱动的发展理念，不断推进体制机制改革和政策先行先试，激发各类人才创新创业活力，成为中国创新发展的一面旗帜。围绕人才的发现、激励、使用、服务，中关村推出一系列先行先试政策，对科技成果主要完成人实行股权和分红激励，并给予分期纳税或取得收益再纳税的优惠政策。

北京理工大学作为中关村首个获批的中央高校股权激励试点，以专利技术出资的30%作为股权奖励给毛二可院士等6位核心技术人员，创办理工雷科公司。3年多时间，公司以7.36亿元的对价与上市公司重组，技术人员的股权实现了133倍的大幅增值。截至目前，像理工雷科这样获得批复的股权激励试点方案，中关村已有105项，有405名科研和管理人员获得股权，激励总额2.25亿元，平均每人55万元，真正做到了让科研人员"名利双收"。

北京作为全国创新创业的引领区，不仅出台了一系列措施大力推进大众创业、万众创新，还积极建设国际人才创新创业生态系统,为人才创新创业提供良好的政策支持与环境条件。目前北京市正在创新文化的美好环境塑造方面稳步前进。

第五节 幸福共享

首都创新文化不仅仅是一种工具化表现,让越来越多的人才通过设计找到了谋生的途径;还创设了一种氛围,公众借助创新设计表达自己的独特感悟以及创意结晶;创新文化也已经成为首都生活的一种常态,首都市民凝聚彼此智慧的点滴,共享创新带来的美好生活。

一 "红星奖"中透视的创新变化

2006年,在北京市科委的支持下设立了中国设计红星奖,始终遵循"公平、公正、公益、高水平、国际化"的办奖原则,截至2017年累计吸引33个国家和地区的5700余家企业、近5万件产品参评,成为全球参评产品数量最多、最具中国代表性与国际影响力的设计奖项,被誉为中国设计届的奥斯卡。2017年参评数量创纪录地突破1万件,连续四年成为全球参评数量最多的工业设计奖项,共计收到2313家企业的10044件产品,同比增长40%,企业设计创新能力大幅提升。

现在的红星奖参评情况呈现三个显著特点。一是龙头企业、大院大所及跨国企业汇聚,有中国中车、中国商飞等行业龙头企业，也包括了中国空间技术研究院、中国原子能科学研究院、北京大学生命科学学院等大院大所，还有跨国企业如西门子医疗、哈曼卡顿等近百家企业。二是科技创新成为显著标志，智能化产品大量涌现，在2017年参评产品中，近半数与智慧城市、智能制造、智能家居等领域相关。如全球第一款商用5G无线通信设备，攻克伺服电机、精密减速器等关键部件技术壁垒的七轴协作机器人等。三是科技文化融合创意无限，如李宁超轻13跑鞋重量轻，利用中国传统织锦外观及缂丝工艺的原理改良一体织造技术，满足了顾客的不同功能需求等。

参评产品涵盖尖端科技、精工制造、生活创意、人工智能等生产生活各个方面。产品设计也从单纯注重外观，到集成材料、工艺、功能、服务等的全过程创新设计，充分反映出中国工业设计集成创新的多元化和适用性。红星奖产品现在更加多元化，有更多高科技产品，比如高铁和大飞机，这些都体现了国家在科技创新方面的发展。

而2017年的参评作品近半数与智慧城市、智能制造、智能家居等领域相关。其中，中科院软件中心的数字科技馆服务系统设计，首次实现了虚拟陈展以及陈展内容的无限扩容；洛可可设计将中科院团队研发的全新人脸识别算法应用于智能生物识别终端，助推前沿技术向成果应用的转化。

这些产品，是我国科技创新领域的最新成果，融合了人工智能、生物识别等前沿科技,既是我国创新型国家建设的重要成就展示,相关成果的转化应用也是贯彻十九大精神,推动科技创新红利与公众分享的宣言。

更加深入人心的还有"设计让生活更美好"的时代主题在红星奖的参评作品中获得了更全面的诠释,"23平米LOFT"设计配备了3大模块智能系统,在起居室、餐厅、健身房等之间实现自由切换,充分体现了"房子是用来住"的要求;"机器人行李箱"集成了射频跟踪定位技术、激光测距技术、避障与导航技术、人工智能技术形成模块,实现自动跟随及自主避障功能,释放了人们的双手,提升了人们的出行效率。

"无论是超10000件的参评数量还是极高的设计水平,都呈现出中国设计正在推动'中国制造'向'中国创造'转型。世界设计正关注着中国领导力,而红星奖所代表的中国设计令人瞩目,这也将带动世界其他地区关注创新、设计和创意,提升生活品质。"世界设计组织主席穆根迪·瑞塔(Mulgendi Rita)说道。

二 创新便利市民日常生活

设计已经逐步渗透到市民生活的方方面面,让民众在时尚和便捷的环境中工作生活。在北京,地铁的标识系统设计,为方便市民出行设计师引入了艺术元素及北京特有的人文符号。例如,每个候车站台的内部装饰设计以及每座风格各异的出站口建筑设计、地铁检票系统的引入等,既方便了市民出行，又带来了视觉的美感，让繁忙的地铁透露出别样情趣，让市民的生活更具幸福感。

北京公交一卡通的设计应用，也充分展现了设计对居民生活的改变。包括各种个性化形象设计在内的一卡通为市民在公共电汽车、轨道交通、出租车、高速公路、停车场、汽车维修、公园景点、餐饮和超市消费等领域的服务付费提供全新的支付方式。随着一卡通的广泛使用，市民逐渐养成了公交出行、刷卡乘车的新习惯，而购票、充值等服务均可以自助完成。一卡通的设计使市民充分享受到了信息技术和数字文明的最新设计成果，为日常生活带来了更多便利。

创新设计营造社区文化氛围。越来越多的市民通过参与各类创新设计活动，改变社区环境，营造社区文化氛围。"废品再设计"，是北京市民走进设计系列活动之一，通过激发市民在生活中的创意灵感，日常生活中的可乐瓶、废报纸、瓜子壳、月饼盒等废品，被"设计师"们制作成花瓶、象棋、装饰画……成为了一件件颇具创意的工艺品。设计不仅给每个居民带来了快乐，也倡导了低碳生活，提升了公众的环保意识，还将可持续理念融入社区生活，引导人们去创造新的生活方式。

三　创新智慧社区建设常态化

智慧社区建设已经成为北京的一个重要任务，北京逐步实现了智慧社区从无到有的突破。推进智慧社区建设成为推进智慧北京建设的重要抓手,也成为保障和改善社区民生的具体举措和创新社会治理模式的重要载体。

"推进智慧社区基础设施建设,逐步形成覆盖全市社区的智慧社区基础设施网络",这是《关于在全市推进智慧社区建设的实施意见》中提出的第一类重点任务。社区基础设施在智慧社区建设中起着重要的支撑作用,网络基础设施、应用支撑平台以及智能终端的安装设置,能够监测社区运行的真实状况,获得实时感知数据,为实现社区治理精细化和智能化奠定基础。智慧社区的管理服务用房都已达标,电子信息显示屏、各种智能终端显示设备、社区办公电脑以及用于辖区居民上网和培训的公用电脑都已普及。4G、光纤入户,接入社区和家庭的互联网宽带能力不断提高,高清交互式数字电视入户率基本实现全覆盖。

"推进智慧社区服务体系建设,加快形成更加智能高效便民的服务体系",这是《关于在全市推进智慧社区建设的实施意见》中提出的第二类重点任务,包括加快推进社区服务资源信息的集成利用、便民服务终端网络的统筹建设、公共服务系统建设等内容。以前,居民在社区办理不同的事务需要找不同的负责人,实现网格化服务管理后,居民只需要找网格员即可。居民只要打一个电话,网格员就上门服务,及时处理居民的各种利益诉求,及时调解矛盾纠纷,及时收集社情民意,实现了由"被动服务"向"主动服务"的转变。北京市已经形成了"纵向到底、横向到边、无缝覆盖"的网格化服务管理格局,将服务管理的触角由面到点、延伸入户,把服务送到了千家万户。从2014年开始,北京市推进城市管理网格、社会服务管理网格、社会治安网格的"三网"融合,有计划有步骤地将社会服务、城市管理、治安维稳等各项经常性工作纳入网格化体系,将养老服务、拆违打非、治理"大城市病"、疏解非首都功能、推进京津冀协同发展等重点难点工作及时纳入网格化体系,涌现出了一批网格化智慧服务典型。有些区实现了市、区、街(乡镇)三级网格化平台系统对接和数据实时共享传输。有些社区通过将辖区内的视频监控网络、各种传感器网络及宽带网络互联,实现社区智慧安保和消防、垃圾回收清运、车辆出入管理、社区应急车道管理、日常设备检修与维护、环境监测等智慧服务。社区智能安防、智能停车、物业管理等信息化平台纷纷建立,实现多平台无缝对接,极大地提高了社区的精细化管理水平。自2015年以来,微信、微博、手机APP在社区得到快速推广应用,社区信息港、社区网络服务平台、智慧社区APP如春芽破土而出蓬勃发展,实现了随手拍、在线服务、信息发布等功能。一批服务特色鲜明、多方合作的街道和社区特色网站也建立起来。①

---

① 梁丽:《"十三五"时期北京市智慧社区建设创新发展研究》,《电子政务》2017年第12期,第54—63页。

第六章　首都创新文化的蓬勃兴起

创新，是一个城市活力的标志，更是发展的根与魂。新时期的北京已逐渐从快速发展阶段，步入平稳发展阶段和成熟发展阶段，产业结构进入升级转型的关键期。党的十九大以来，北京市委市政府从战略层面谋篇布局，立足实际研究，制定了一系列前瞻性的举措，为加快培育创新文化，率先形成创新驱动的发展格局提供重要支撑。中关村、亦庄、CBD……打开地图，创新的增长点星罗棋布。高新科技、高端制造业、生物产业、文化创意产业……各个领域，都有北京创新的坚定足迹。根植于首都文化包容天下、领袖天下的传统，以创新理念引领发展，以创新制度支撑发展，以创新环境保障发展，以创新成果促进发展，北京已经形成了比较完善的创新生态系统，一切激发、喷涌的创新文化已成为首都文化的重要内容和突出特征，以此开启了北京创新文化新一轮的蓬勃发展。

第一节　以创新理念引领发展

新时代催生新理论，新理论引领新实践，新实践也需要新理念。为推动首都创新文化的蓬勃兴起，我们需要把创新放在首都发展全局的核心位置，让创新精神真正成为北京的区域精神，让创新文化内化为北京发展的内生动力。

一　把创新放在首都发展全局的核心位置

党的十八大以来，习近平总书记把创新摆在国家发展全局的核心位置，高度重视科技创新，围绕实施创新驱动发展战略、加快推进以科技创新为核心的全面创新，提出一系列新思想、新论断、新要求。习近平总书记《在参加全国政协十二届一次会议科协、科技界委员联组讨论时的讲话》谈到："改革开放这三十多年，我们更多依靠资源、资本、劳动力等要素投入支撑了经济快速增长和规模扩张。改革开放发展到今天，这些要素条件发生了很大变化，再要像过去那样以这些要素投入为主来发展，既没有当初那样的条件，也是资源环境难以承受的。我们必须加快从要素驱动发展为主向创新驱动发展转变，发挥科技创新的支撑引领作用。这是立足全局、面向未来的重大战略，对实现到二〇二〇年全面建成小康社会目标具有十分重要的意义。"

第六章　首都创新文化的蓬勃兴起

《在中央财经领导小组第七次会议上的讲话》中习总书记再次强调了这个观点:"党的十八大提出的实施创新驱动发展战略,就是要推动以科技创新为核心的全面创新,坚持需求导向和产业化方向,坚持企业在创新中的主体地位,发挥市场在资源配置中的决定性作用和社会主义制度优势,增强科技进步对经济增长的贡献度,形成新的增长动力源泉,推动经济持续健康发展。全党全国要统一思想,切实提高认识。"

而在党的十九大报告中,"创新"一词出现了50余次,习近平总书记再次强调"创新是引领发展的第一动力"。理论创新、实践创新、制度创新、文化创新以及其他各方面创新,中国正在加快建设创新型国家。通过加快形成以创新为主要引领和支撑的经济体系和发展模式,对于适应和引领我国经济发展新常态,发挥科技创新在全面创新中的引领作用,实现"两个一百年"奋斗目标,实现中华民族伟大复兴的中国梦,具有十分重要的指导意义。

北京市新一轮总规中出现了163个"创新",在"四大中心"定位中,尤其是全国文化中心的建设定位中提出要充分利用北京文脉底蕴深厚和文化资源集聚的优势,发挥首都凝聚荟萃、辐射带动、创新引领、传播交流和服务保障功能,把北京建设成为社会主义物质文明与精神文明协调发展,传统文化与现代文明交相辉映,历史文脉与时尚创意相得益彰,具有高度包容性和亲和力，充满人文关怀、人文风采和文化魅力的中国特色社会主义先进文化之都。而在科技创新中心的建设中提出要充分发挥丰富的科技资源优势，不断提高自主创新能力，在基础研究和战略高技术领域抢占全球科技制高点，加快建设具有全球影响力的全国科技创新中心，努力打造世界高端企业总部聚集之都、世界高端人才聚集之都。坚持提升中关村国家自主创新示范区的创新引领辐射能力，规划建设好中关村科学城、怀柔科学城、未来科学城、创新型产业集群和"中国制造2025"创新引领示范区，形成以"三城一区"为重点，辐射带动多园优化发展的科技创新中心空间格局，构筑北京发展新高地，推进更具活力的世界级创新型城市建设，使北京成为全球科技创新引领者、高端经济增长极、创新人才首选地。

正如蔡奇书记提到的，"从构建现代化经济体系、推动高质量发展看，科技创新是推动经济发展质量变革、效率变革的动力源泉。从北京自身禀赋看，丰富的科技智力资源，是首都发展优势所在、依托所在。抓创新就是抓发展，谋创新就是谋未来"。创新理念要作为首都未来发展的全局理念来抓。

二　让创新精神真正成为北京的区域精神

根据学者的理解，区域精神是区域成员在历史上逐步形成和传播下来的民族心理素质。这种精神反映了整个区域成员的世界观是全体区域成员的思想作风和方法①。从这个定义来看,区域精神与创新文化类似,但是如果从褒贬的角度看,创新文化相对中性,而区域精神总是褒义的,这也就能说明为什么区域精神总是能以对区域正面的力量出现的。因此,很多时候区域管理者在宣传创新文化的时候,总是以区域精神来进行替代,其实从本质上是一致的。

一个区域要塑造其区域精神,其重要意义主要体现在以下几个方面:第一是"立标"。塑造区域精神涉及思想道德建设,也包含一个地区文化建设诸方面的内容。明确区域精神的内容,是确立一个目标,也是提出一个工作标准,体现一种追求。有了明确的目标,有了一种积极向上的精神状态,区域管理者们才能更好地去干好工作。第二是"导向"。塑造区域精神就是为了凝聚人心而提出一个努力方向,提供一个标识,是靠共同的行为规范来引导人们的行为,也是引导人们确立相同的是非判断的准则,进而促进健康氛围的形成。第三是"载体"。塑造区域精神是做好新时期社会管理工作的一种有效的载体。每个地区面临不同的情况和特点,塑造区域精神为发挥社会管理工作者和群众的主动性、创造性提供了一个很好机会,使社会管理工作为区域发展的针

---

① 夏重伟:《关于区域精神的重要意义和提炼黑河精神的思考》,《黑河学刊》1997年第1期,第88—91页。

对性更强更直接①。从以上区域精神对区域发展的重要意义来看,与我们期望通过创新文化推动区域发展的初衷、目的甚至在作用方式上都是一致的。

2011年11月2日,北京市就公布了"北京精神"——"爱国·创新·包容·厚德"。作为城市精神,它是首都人民在长期发展建设实践过程中所形成的精神财富的概括和总结,体现了社会主义核心价值体系的要求,体现了首都历史文化的特征,体现了首都群众的精神文化追求。北京精神是一个有机整体。爱国是北京精神的核心,创新是北京精神的精髓,包容是北京精神的特征,厚德是北京精神的品质。

作为北京精神的精髓"创新",即突破常规、推陈出新。创新是民族进步之魂,是城市活力之源,它体现了北京积极进取、追求进步的精神状态。北京在经济发展、科技进步、城市建设、社会管理等方面取得的成效见证了这座城市的创新精神,北京仍将以创新赢得机遇和未来。

三 让创新文化内化为北京发展的驱动力

创新文化最大的优势在于其内生驱动力,建设全国科技创新中心就必须要增强自主创新能力,必须要大力

---

① 胡新龙、李国良:《区域精神:促进区域经济发展的推动力》,《大庆社会科学》1999年第2期,第36页。

推进理论创新、制度创新、科技创新,而一切创新活动都源于对创新的自觉需要。创新文化为人们提供追求创新的价值观念,培养人们的创新精神,激发人们的创新需求,引导人们的创新活动。我们应该清楚地认识到,建设全国科技创新中心是一项全民工程,必须充分调动广大劳动者的参与热情,这就需要一个有利于创新的环境和氛围。发展创新文化就是要弘扬科学精神、普及科学知识、树立科学观念、提倡科学方法,克服传统文化中阻碍自主创新的消极因素,从而在全社会营造一个尊重劳动、尊重知识、尊重人才、尊重创造的生动、活跃、民主的创新环境和氛围。发展创新文化,就是要营造人们争相创新、善于创新,社会尊重创新、鼓励创新的社会氛围,使创新成为全社会的重要价值取向,调动人们建设全国科技创新中心的积极性、主动性和创造性,从而为建设全国科技创新中心提供强大的精神动力。

依托创新文化的建设,构筑首都文化的自觉和自信。文化自觉是对文化的自我觉醒、自我反思和理性审视,是指生活在一定文化历史圈子中的主体对自己的文化应该有自知之明,既清楚长处,也了解短处,同时也要了解和认识其他文化,处理好在地文化与外来文化的关系。文化自信是主体对自身文化的认同、肯定和坚守。文化自觉是文化自信的前提,文化自信是建立在文化自觉的基础上的。没有深刻的文化自觉,就不可能有坚定的文化自信。

文化自觉和文化自信的主体既可以是个人，也可以是共同体，如民族、国家、政党、团体等。现在谈文化自觉和自信更多的是指国家、民族层面的文化自觉，而我们可以依托首都创新文化的发展，在改革开放的创新实践中培育创新文化，打造致力于创新的文化自觉，正是基于以上文化自觉，我们才有道路自信、理论自信、制度自信、文化自信，才能将首都创新文化真正内化为北京发展的内生驱动力。

第二节　以创新制度支撑发展

制度是积极推进文化与科技融合的关键性基础和保障条件，而在我国政府、文化企业、各类研究院所和教育机构之间仍未完全建立有效的促进创新文化的整合机制。在目前还不可能马上建立大文化或大科技一体化综合管理部门促进创新文化的背景下，各地应加快建立由文化与科技主管部门共同牵头、相关部门共同参与的文化科技融合创新文化推进机构或联席会议机制，积极探索跨部门的文化科技合作新机制和工作体系，形成促进文化与科技融合发展的强大组织合力，启动和推动文化科技融合创新工程实施，真正将创新文化工作落到实处。

一　当好国家先行先试改革的排头兵

强化供给侧改革，争取松绑型政策放到位。探索开展事业单位国有资产分类管理考核试点,对科技成果转化所形成的无形资产,取消保值增值考核目标要求,争取出台高校院所技术入股形成的国有股转持豁免政策,充分激发高校院所和科研人员推动科技成果转化的内在动力。推进激励型政策用到位。深入落实研发费用加计扣除政策,放宽享受研发加计扣除活动和费用范围,简化审核流程,推动企业加大研发投入。进一步调整完善高新技术企业认定标准,出台落实中关村科技型中小企业标准。在用好大学生创业社保优惠政策的基础上,争取开展面向初创期科技型企业的社保政策创新试点,助力双创深入开展。开展天使投资税收政策试点,对符合一定条件的天使投资自然人、公司制天使投资机构及合伙制天使投资机构中的法人合伙人可享受个人所得税优惠以及天使投资企业所得税优惠政策。探索面向中关村高成长企业的弹性税收政策试点,推动创新型产业轻装快进。结合市场准入"负面清单"制度改革试点,聚焦培育中关村新产业、新业态、新模式,构建市场准入无障碍、后期发展有监管的制度体系。

推动支持国家层面的创新政策协同。积极推动国家自主创新示范区、自由贸易区、综合保税区先行先试政策的跨区域交叉覆盖,率先建立京津冀三地高新技术企业资质互认制度,对跨区域转移、设立生产基地和研发中心的高新技术企业,实行资质互认。强化保护创新的政策协同。整合海淀知识产权行政执法力量,依托北京知识产权法院,探索建立知识产权法院与专利局、商标局、广电局、海关等跨部门的协作机制,强化对三地自主知识产权的保护。推进京津冀企业信用信息数据库建设,建立健全企业信用动态评价、守信激励和失信惩戒机制。探索持续创新的政策协同。细化落实京津冀协同发展产业对接企业税收收入分享办法,发挥北京新技术新产品展示平台作用,结合产业转移,推动津冀地区进一步开放政府采购市场,形成需求拉动创新的区域合力。

二 打造京津冀区域协同创新共同体

推动三地创新资源开放共享。发挥北京科教资源密集的优势,支持北京市各大高校、科研院所大型科学仪器和国家重大科研基础设施、科学数据向津冀地区开放共享,集众智、汇众力,为共同打造国家自主创新源头奠定基础。支持北京市高校院所、领军企业整合三地创新资源,共建一批重点实验室、工程中心、成果转化基地等创新载体,承接一批国家重大专项,突破一批关系区域战略性新兴产业集群发展的关键核心技术。围绕京津冀生态环境保护、资源高效利用、重大民生问题,开展联合攻关和协同创新,推动大气污染治理、水资源保护、水环境治理、清洁能源、绿色交通等技术攻关和示范应用。面向服务京津冀协同发展,进一步提升协同创新、创新创业、知识产权和技术转移等平台功能,推动人才、资本、技术等创新资源自由流动、高效配置,持续提升原始创新和技术服务能力。发挥国家技术转移集聚区要素集聚和辐射功能,支持中国技术交易所、中国国际技术转移中心与津冀骨干技术交易机构合作,推动建设京津冀技术交易网络服务平台;发挥全国知识产权运营公共服务平台作用,加快建设科技成果交易核心区。

建好京津冀协同创新平台。一是构建创新资源平台。共建技术市场,发挥北京科技创新资源优势,加速成果转移转化、技术交易、信息咨询等资源要素在京津冀地区对接共享。共建创新创业孵化中心,结合京津冀地区产业需求,引导投资机构、创业团队等投资创业。二是构建创新攻关平台。促进京津冀重点实验室合作共享,选取共同关注的领域,推动三地重点实验室开放共享和产学研合作,联合开展战略研究和基础研究,共同设立京津冀基础研究专项。共建联合攻关研究院,组建京津冀地区科研团队,开展资源型产业可持续发展研究,为三地产业转型升级提供技术支撑和产业示范。三是构建创新成果平台。共建创新成果中试基地,将北京相关创新主体的研发成果在京津冀地区进行中试、孵化,推进其产业化发展。共建科技成果转化基地,围绕京津冀地区企业、科研机构等技术需求,组织本市创新资源、科技成果进行对接,鼓励北京地区创业团队、投资机构等在三地进行成果转化。

三 做好市级基层创新改革的探路者

加快落实京津冀区域推进全面创新改革试验方案、北京系统推进全面创新改革试验方案、中关村大众创业万众创新综合改革试点等，聚焦推动市场需求拉动创新、强化原始创新和源头创新、发挥金融创新对技术创新的推动作用、优化人才培养和引进机制、形成开放创新格局、建立高效的成果转化支撑体系六大方面，积极开展全面创新改革试验。加快落实"京校十条""京科九条""服务业扩大开放综合试点"等政策，率先在科技成果转化收益分配、技术转移岗、人才评价、外资人才服务机构出资比例等领域取得突破。

跟踪推进基层科研单位科技成果使用、处置和收益管理改革试点，深入落实研发费用加计扣除政策，持续推进企业境外并购外汇管理、外债宏观审慎管理等改革试点，巩固固化一批改革成果。加快落实公安部支持北京创新发展20项出入境政策措施、国家食品药品监督管理总局支持中关村食品药品监管及产业发展12条政策、工商总局关于促进中关村创新发展的若干意见等支持政策，扎实推进一批改革任务。发挥北京市服务创新创业企业的优势，结合区域实际和企业需求，在人才发展、行业准入、科技金融等领域全力争取实施一批改革试点。围绕落实《中国制造2025》、"互联网＋"行动计划、"一带一路"、京津冀协同发展等重大国家战略和倡议，谋划在科研投入、科技管理、收益分配、科研协同、政府服务等领域探索新一轮体制机制创新,超前储备一批改革探索。探索建立针对各类创新政策对经济社会影响的定量评估方法,研究建立先行先试政策仿真模型,为科学评估、预测及调整创新政策提供决策支撑。

四 争做汇集全球创新人才的蓄水池

实施战略引才,用好用足重大人才工程。坚持战略导向和需求导向,聚焦吸引战略科学家、科技领军人才、高端企业家人才、高技能急需人才和人才团队,深入对接国家"千人计划"、北京市"海聚工程"、中关村"高聚工程"等重大人才工程,调整完善"海英人才"计划支持重心,加快聚集一批全球有影响、行业有分量、成效可预期的高端创新创业人才队伍。实施项目引才,支持北京市高校院所、领军企业采取项目合作、课题攻关、特聘顾问等多种方式,灵活引进从事国际前沿技术研究、能够带动新兴学科发展的战略科学家和团队。探索专业引才,深化北京市现代服务业扩大开放综合试点,支持各类人才服务机构和组织发展,引进一批国际化的人力资源服务机构,建设国家级人力资源服务产业园,重点培育"互联网+"人力资源服务新业态。尝试驿站引才,依托北京市硅谷创新驿站等载体,探索利用大数据手段和投资人评价体系选才引才的新模式,打造海外高层次人才到京发展的中转站、加油站和服务驿站。

精细化服务人才，解决人才创新创业后顾之忧。建立健全外籍高端人才的国民待遇加负面清单制度，细化落实中关村外籍人才出入境试点政策，为外籍高层次人才、创业团队外籍成员和企业选聘的外籍技术人才、外籍华人、外籍青年学生等四类人才提供签证、居留和出入境便利，营造富有吸引力的"类海外"人才发展环境。实施精准帮扶，统筹解决人才落户、住房、医疗、子女入学等问题，加快建设具有国际化水平的居住配套、医疗卫生、基础教育、生活服务设施等，创造更加宜居宜业的人才发展环境。建立人才柔性流动机制，打破户籍、身份、国籍等制度瓶颈，多渠道推动人才柔性流动。建立健全高端人才跟踪服务机制，编制北京市人才地图和紧缺人才需求目录，建立人才资源年度统计调查和定期发布制度，形成人才服务的常态化机制。强化对优秀中青年干部的境外培训，打造一支具有国际视野、掌握科技创新趋势、服务全球创新创业的国际化人才队伍。

第三节 以创新环境保护发展

当今世界，科技进步日新月异，互联网、云计算、大数据等现代信息技术深刻改变着人类的思维、生产、生活、学习方式，深刻展示了世界发展的前景。传统创新模式已经不适应新时代的站位需要，以人人参与、线上线下融合、知识产权为核心的创新环境已经成为首都

图 6—1　塑造 MVP（最有价值球员）人才的集聚平台（作者摄）

创新文化的基础，并需要适合创新文化培育的舆论引导。

一　营造人人参与的创新环境

加大政府扶持力度，优化创新创业环境。北京一直占据着数量庞大的顶尖资源，首都核心功能视角下，将进一步实现产业转型升级。从外部环境方面，要对大学生创业多渠道提供资金和政策上的支持。一方面，可以依据实际情况，设立创业专项资金，对有助于首都核心功能发展的创新创业项目予以资金上的倾斜支持；另一方面，可以在政策上加大各项优惠力度，对顺应首都经济发展的创新型企业，适当完善税收优惠政策等，从而不断优化大学生创新创业环境,形成全社会支持鼓励创新创业的良好氛围,进一步推进高校创新创业教育。①

抓好青少年创新精神的培养。贯彻落实创新发展理念,树立"双创"精神,着眼于学生发展核心素养,积极开展教育创新实践,大力培养创新精神,拓展创新途径,优化创新环境,全面培养学生的创新精神和实践能力。坚持以人为本,遵循学生认知和成长规律,激发学生的学习兴趣,因材施教,发现、保护、扶植、培养学生的创新精神和实践能力,促进学生全面而有个性发展。深化课堂教学改革,全面提高课堂教学质量。探索创新教与学的方式,为学生提供丰富的体验、合作、探究类学习活动。坚持人的全面发展,树立正确的教育质量观,创新人才培养模式,培养学生发展核心素养,培养富于民族精神、爱国情怀、社会责任感和公民意识,具有创新精神和实践能力的优秀人才。依托"北京市青少年科技俱乐部""翱翔计划""雏鹰计划""青少年高校科学营""北京学生科技文化节"等主题活动平台,培养青少年勇攀科技高峰的勇气和毅力。

提升青少年创新科学素质。完善青少年各教育阶段科学课程体系,推动科技教育进课堂、进教材、列入教学计划,系统提升青少年科学意识和综合素养;

---

① 徐洪、毛敏、王小艺:《首都核心功能视角下的高校创新创业教育探究》,《教育教学论坛》2017 年第 8 期,第 31—32 页。

加强青少年信息素养教育,帮助青少年正确合理使用互联网,开展线上线下相结合的青少年科普活动,满足青少年对科技、教育信息的个性化需求;以参加北京学生科技节、北京市中小学生科学建议奖、"后备人才时期培养计划"、"英才计划"、"雏鹰计划"、"翱翔计划"、大学生创业大赛等活动为契机,广泛开展课外科技活动,促进课外科技活动与学校科学教育有效衔接,提高青少年探究能力,促进青少年创新精神和实践能力的发展。

提升城镇劳动者科学素质。优化整合各种教育培训资源,建立广覆盖、多层次的教育培训网络;加强对劳动者科技教育培训,开展各种形式的在岗培训和继续教育;依托社区科普活动室、科普画廊等设施,开展多种形式的科普宣传,建设学习型社区,为各类劳动者提高科学素质提供更多机会和途径;宣传科学思想,普及节约资源、保护环境、安全生产、信息技术、健康生活等知识和观念,提高各类城镇劳动者的职业技能水平和就业创业能力、适应职业变化的能力、适应城市生活的能力;围绕创新技术、提高质量、增加效益、搞好服务等主题,开展创新工作室、职工技能大赛等多种形式群众性技术创新活动,激发城镇劳动者创新创造活力,形成大众创业、万众创新的良好文化氛围。

提升领导干部和公务员科学素质。利用北京干部教育网、北京继续教育网、继续教育APP等学习平台,借助党委（党组）中心组学习、领导干部和公务员选拔培养任用等时机，大力加强创新驱动发展战略和"创新、协调、绿色、开放、共享"的发展理念学习教育，推动领导干部和公务员更好地贯彻实施创新驱动发展战略。组织领导干部和公务员"科普三个一"活动，开展科技创新、产业升级等前沿科技知识的专题教育，充分利用现代信息技术，加强科技知识、科学方法的培训和科学思想、科学精神的培养，提高领导干部和公务员的科学执政水平、科学治理能力和科学生活素质。

图6—2 中关村景观小品"争分夺秒创新"（作者摄）

二 营造惠民创新科普环境

优化科普资源配置,推进优质科普资源开发开放,拓宽公众参与科普的途径和机会。促进北京市科普场馆数量和内容的提升,进一步优化布局和结构,推进馆校结合工作,大幅提升科技场馆的利用率。鼓励和支持历史类博物馆和专题类博物馆展示、讲解藏品所蕴含的科学内容。鼓励和推动有条件的研究机构、大学、企业以及国家重大工程项目,因地制宜建设和发展一批专业或产业科技博物馆。鼓励科技园区高新企业、孵化基地、文化创意工作室增加科普功能,拓展科普基地的覆盖面。探索科普基地对接社区、"多学科融合、一站式服务"的科普体验新途径。

提升科普基地服务能力。依托社区公共服务场所和设施,继续开展社区科普移民计划,建立和完善社区科普体验厅、科普驿站等科普设施。积极推动利用文物腾退空间作为博物馆馆舍,构建北京市文化博物馆立体体系,每个街道建成一个历史文化博物馆或展陈室。发挥博物馆的公共文化服务和社会教育功能,构建历史底蕴厚重、时代特色鲜明的人文展示空间,形成"一街一品"公共文化服务新格局。新建一批具备科技教育、培训、展示等功能的基层综合性科普活动场所和科普设施。加大面向青少年的科普设施的扶持力度,加强学校与科技馆、博物馆等的合作,拓宽馆校结合的渠道。

强化公共场所科普功能。采用多种方式，引导公园、书店、医院、影剧院、图书馆等公共场所逐步增加科普宣传设施，将科普融入人们休闲、购物、医疗、旅游等日常生活之中。加大旅游文化惠民政策。加强旅游进社区服务，有效利用地区现有旅游资源，设立科普主题的都市旅游观光线路，开展各类互动活动，加强公益文化类、历史文物类知识普及，加深群众对旅游资源的传承和保护，促进科普与旅游深度融合。创新科普的精准化服务模式，推动科普信息在社区、学校的落地应用，促进科普资源共享共用。

实施"互联网+科普"，推动新媒体科普原创。围绕公众关切的社会焦点热点问题，鼓励开展科普视频、科普微电影、科普动漫等形式多样的科普作品创作。建立完善科普创作的社会动员激励机制，以评奖、作品征集等方式，加大对优秀原创科普作品的扶持、奖励力度，鼓励社会各界参与科普作品创作。推动形成专家和公众共同参与的信息化科普内容产生机制，创作适合多渠道、全媒体传播推广的科普作品。强化科普信息精准推送服务。依托大数据、云计算等技术手段，采集和挖掘公众需求数据，做好科普需求跟踪分析，探索通过科普电子读本定向分发、手机推送等定制性传播方式，定向、精准地将科普文章、科普视频、科普微电影、科普动漫等科普信息资源送达目标人群，促进科普活动线上线下结合，满足公众对科普信息的个性化需求。

拓宽科普传播渠道。创新科普传播形式，推动报刊等传统媒体与新兴媒体在科普内容、渠道、平台等方面的深度融合，实现包括纸质出版、网站传播、移动终端传播在内的多渠道全媒体传播。充分发挥微博、微信、移动客户端等新媒体在科普中的影响力和引导力，以各类公共科普微信公众号为抓手，围绕百姓关切，主动发声，向社会提供科学、准确的科普信息内容和科集科普资讯，开展纸质和网络同步传播。科普网站和门户网站更加重视科技传播专栏建设，丰富内容和形式，以增加对公众的吸引力。

三 营造尊重知识产权的创新环境

进一步完普知识产权服务体系。近年来，北京市委市政府高度重视知识产权工作，知识产权服务业和知识产权行业都得到了较快发展，知识产权创造水平、运用效益、保护能力、管理绩效、服务实效有了很大提升。未来要在以下几个方面进一步加强：一是积极发挥知识产权法院的作用，健全知识产权维权援助体系。强化知识产权保护服务，加快形成行政执法、司法审判、调解仲裁等多渠道维权保护模式。二是加快推进知识产权运营服务试点工作。加强侵权犯罪情报信息交换互动，对反复侵权、恶意侵权的行为人建立黑名单，加大对知识产权侵权案件的查处力度。三是建立统一共享的小微企业名录，推进统一信用代码工作。

不断加大产业共性技术和公益技术的开发力度。产业共性技术是指在很多领域内已经或未来可能被普遍应用，其研发成果可共享并对整个行业和多个产业及其企业产生深度影响的一类技术。公益性技术是在资源环境、人口健康、防灾减灾、社会保障、社会服务、国家与社会公共安全等社会公益领域应用的一类技术。在市场经济条件下，共性公益性技术领域均程度不同地存在着"市场失灵"的问题，亟须政府直接提供公共科技管理与服务。

加快核心专利布局，深入实施知识产权战略，促进知识产权的创造和运用，完善知识产权资助政策和奖励制度，重点支持企业、研究院所和高校创造自主知识产权，培育和形成一批产业核心专利和重大技术标准，逐步提升对全球产业价值链的掌控能力。

对于企业而言，要以知识产权作为切入点，将知识产权当作资产来运营，灵活运用知识产权保护政策，通过并购等举措，不断提升科研实力。换句话说就是实施知识产权战略的基础在于自主创新，只有将创新技术转化为知识产权，才能有效转化为企业的核心竞争能力，才能保护企业的创新成果，才能保证企业在国际化进程中健康发展，扩大品牌的国际影响力，培育核心专利和关键技术标准，提升对产业价值链的掌控能力。

围绕知识产权运营和标准创制发展知识产权和标准经济。完善北京市知识产权联席会议机制，统筹知识产权创造、运用、管理和保护，由注重知识产权数量向提升知识产权质量转变，由注重知识产权维护向强化知识产权运用转变，推动潜在知识财富向现实生产力转化。深入推进知识产权一条街建设，吸引和培育一批专业化知识产权数据挖掘、运营管理机构、人才和团队，支持专业机构设立一批市场化知识产权运营基金。围绕专利导航试验区建设，强化重点战略性新兴产业的专利布局，形成专利引导产业创新发展、产业创新发展带动专利运营的良性互动局面，增强知识产权在企业国际化发展中的话语权。加快聚集一批标准领域的国际化组织和专业化服务机构，支持高校院所、高科技企业统筹标准制定、推广运用和国际化，增强中国标准在国际标准体系中的话语权，将标准作为企业走出去参与全球竞争的新利器。

四　营造适合创新文化培育的舆论环境

发展创新文化要充分发挥舆论导向作用。创新文化是深层次、多层面的，发展创新文化，要提高自己的判断力，分清什么是创新，什么是守旧，正确认识什么体现了时代性、规律性，代表着创新文化的发展方向和前景。我们的传统文化中存在着阻碍创新的消极因素，社会生产和生活中也还存在着影响社会进步的落后意识。发展创新文化，就应该在全社会宣传创新、倡导创新，通过舆论引导人们从那些落后的思想中摆脱出来，形成崇尚创新的价值观念①。发展创新文化，要大力宣传先进。宣传国内外发展创新文化的成功的、有益的经验和方法，让人们认识到发展创新文化的重要性、创新的重要性，使创新深入人心，让人们的发展思路开阔起来，在创新文化之路上越走越宽。

弘扬首都创新文化，变文化软实力为科技创新的硬支撑。以中关村创新文化为重要切入点，强化中关村创新文化的宣传，展示中关村创新企业、创新成果、创业故事和独特的创新精神，营造双创良好氛围。持续办好全国"双创周"和中关村创新创业季，鼓励北京市高校院所、企业、社会组织积极参与各类创新创业活动。实施企业家社会塑造行动计划，大力推进企业家社会建设。支持中小学与北京市各大高校院所、创新型企业加强合作，开设科技教育课程，组织青少年开展创新活动，培养青少年创新创业思维和精神。

第四节 以创新成果促进发展

充分支持首都不同主体加大创新力度，推动企业开展技术、商业模式和组织模式创新，在首都生态环境、"高精尖"产业发展、城市治理水平、社会和谐等全方

---

① 李俊兰：《论发展创新文化对建设创新型国家的重要意义》，《前沿》2010年第10期，第20—22页。

位取得创新成果,促进首都未来的发展,让创新文化的硕果落到实处。

一 推动创新成果促进首都生态环境发展

加大力度推进首都蓝天行动:持续开展细颗粒物(PM2.5)、臭氧(O_3)等二次污染特征与成因研究,以及超细颗粒物(PM0.1)污染特征与成因前瞻性研究。开展重污染天气综合观测与区域雾霾成因分析,围绕提高重污染天气预报预测准确率和精细化水平开展关键技术研发与示范。继续围绕挥发性有机物(VOC)、氮氧化物(NOx)、氨($NH3$)等特征污染物开展大气污染治理技术及装备开发,开发室内典型污染物快速检测及净化技术,构建室内空气污染防治策略与技术规范体系。开发能源互联网、大规模储能、半导体照明等技术和产品。开展区域移动源排放特征、监管及控制技术研究。

深入推进生态环境建设、水污染防治、土壤污染防治等,突破一批关键共性技术,加快"海绵城市"建设,发展海水淡化技术。推动符合首都特色的固体废物高附加值再利用技术开发;加快土壤修复技术在工业场地污染和农田污染治理中的应用,加快绿化新品种繁育,推进节约型园林建设,保护生物多样性。开展新型污染物风险评价与治理、高品质再生水深度利用、复合型污染场地修复等前瞻性研究。

推动节能环保,以能源清洁高效利用、重点污染源污染控制等领域为重点,开展能源先进燃烧、余热回收利用、烟气深度处理等核心技术和设备研发、系统集成和推广应用。推进先进适用的节水、治污、土壤修复、生态修复技术和装备产业化发展。

积极培育生态产业,构建科技支撑的绿色经济。支持开展太阳能、风能、生物质能等新能源利用的关键共性技术和设备研发,推动新型储能技术等研发与示范应用。建设智能化新型能源网络,推动能源互联网示范应用,建设低碳、绿色、生态园区,构建绿色产业体系。支持北京市的高校院所提升在新能源汽车电池、电机、电控等领域的研发能力,将北京市打造成为新能源汽车技术的创新中心。充分发挥北京市新能源、新材料、节能环保领域研发和服务优势,结合京津冀生态修复环境改善示范区建设,围绕能源清洁高效利用、大气污染防治、水生态修复等重点领域开展新技术新产品推广应用,拉动北京市生态产业发展。

二 推动创新成果促进首都"高精尖"产业发展

高水平推进"三城一区"建设。聚焦中关村科学城,发挥"领头雁"作用,率先建成具有全球影响力的科学城。着力提高对全球创新资源的开放和聚集能力,着力补齐优质创新要素,着力促进不同创新群体深度融合,通过优化空间布局、推动城区有机更新、打造创新型服务政府、强化城市创新形象,营造国际一流的创新

第六章 首都创新文化的蓬勃兴起

创业生态。瞄准世界科技前沿,重点布局一批关键共性、前瞻引领、颠覆性技术项目和平台,推动产生一批全球引领性原创成果。升级怀柔科学城,以百年科学城标准,打造新时代科学城新标杆。建立国际化、开放式管理运行新机制,深化怀柔综合性国家科学中心建设,实现高能同步辐射光源、多模态跨尺度生物医学成像设施等大科学装置,以及新一批前沿交叉研究平台开工建设。引导民间资本、社会力量、国际资源广泛参与,促进科研基础设施共建共享,构建从基础设施、基础研究、应用研究、成果转化到高精尖产业的创新链。搞活未来科学城,加速"三个转变",全力打造全球领先的技术创新高地。立足已经形成的资源优势,加紧发力。鼓励入驻央企加大研发投入和加强前沿技术研究,引导企业建立有利于创新的公司治理结构,积极引入民营研发机构、创新企业、高校等多元主体,加快投资孵化、科技服务等创新要素聚集,推进能源、材料、智能制造等领域协同创新。优化提升北京经济技术开发区,加强"城—区"对接,打造高精尖产业增长极。建立与三大科学城的对接转化机制,统筹大兴、通州等空间资源,与顺义、房山协同发展,搭建一批技术创新公共服务平台,聚焦新能源汽车、新一代信息技术等领域,抓好重大项目落地,提高外资引进和开放发展水平,打造创新型产业集群,建设好"中国制造 2025"国家级示范区。

超前布局战略先导产业,抢占新兴产业制高点。着眼未来科技革命和产业变革新趋势,结合北京市发展新态势,明确未来重点培育的战略性先导产业的主攻方向。围绕国家科技重大专项、国家重点研发计划和北京市科技计划项目的实施,率先在超级计算机、核心通用芯片、精准医学、智能汽车、新材料、增材制造和激光制造等领域,重点部署一批科技前沿和战略必争的先导技术项目,突破一批关键共性技术,取得一批重大原始创新成果,发挥科技引领产业发展的先导作用,提升高技术研究能力和产业国际竞争力。引导行业领军企业在人工智能、石墨烯、干细胞等领域加大研发投入,支持企业抢占未来产业竞争制高点。

做优做强优势主导产业,形成稳固的区域经济支撑点,坚持有所为、有所不为,强化核心优势、聚焦价值链高端环节,重点打造智能制造、大数据、创新服务、大健康、绿色生态和文化科技融合等一批具有国际竞争力的主导产业,形成区域经济发展主要支撑力量。加快发展智能制造,夯实高端实体经济。坚持科技创新支撑智能制造、智能制造牵引科技创新,持续推进北京市先进工业行动计划,着力打造具有世界影响力的智能制造创新中心,做实区域经济的"压舱石"。着力做强大数据产业,构筑数据驱动型经济。坚持向数据要资源、要空间、要效益,依托北京市独特的软件信息业和数据资源优势,打造大数据产业和运营中心,实现区域经济发展向数据驱动的转型跨越。

第六章　首都创新文化的蓬勃兴起　225

图6—3　牡丹集团 IMS 全球数据中心（作者摄）

加快做优创新服务产业，打造创新服务型经济。坚持以高端创新服务要素聚集，形成服务支撑创新、创新驱动发展，推动创新服务型经济发展。依托创新创业服务发展创客型经济。依托中关村创业大街建设和中关村大街改造，发挥北京市行业领军企业、创业投资机构、社会组织密集的优势，推动创新型孵化器和便利化、全要素、开放式的众创空间建设，广聚海内外优秀创客。

围绕成果转化发展要素配置型经济。加强要素配置平台建设，支持中国技术交易所、中国国际技术转移中心打造"技术交易服务＋科技金融服务＋科技政策服务"一体化技术交易平台，提升北京市配置全球创新要素的能力。做活信用和信息服务经济。深入推进信用北京建设，形成"专业征信机构—社会组织—监管部门"信用信息互联互通机制。引导专业征信机构开展信用评级，及时发布信用统计信息和评价结果。紧密结合北京市科技型企业对金融创新的需求，鼓励企业开展内部信用建设和管理。依托互联网跨界融合发展分享经济。顺应移动互联网背景下生产资料、商品服务开放共享的新趋势，推动研究开发、检验检测、创业孵化、科技金融、科技情报等分享平台建设，形成支撑行业转型升级和辐射全国市场的综合科技服务，打造全国分享经济创新中心和服务中心。精准培育文化科技融合产业，打造高端高效的创意经济。做强以软件、网络及计算机服务为基础，以动漫游戏、视听新媒体、数字娱乐、移动互联网运用、设计服务等为核心，打造以内容服务创新为支撑的高附加值的文化创意产业。发挥"互联网＋"对文化行业的引领和支撑作用，顺应文化科技融合的发展趋势，培育新型的文化产品和服务新业态。

三 推动创新成果促进城市治理水平全面发展

创新推动城市建设与精细化管理。围绕城市建设与综合运行、重点行业运行安全保障、应急救援能力提升、老龄化社会管理等方面，开展关键共性技术和产业研发，集成一批高效实用技术和装备，创制和完善相关技术标准规范。进一步推动建筑工业化，发展绿色建筑技术。继续推动新技术、新产品在轨道交通建设运营中的示范应用，组织新一代轨道交通列车运行控制系统开发，支持大数据技术在城市轨道交通网络化运营、安全可靠保障等方面进行应用。引导建立养老产业创新体系，加快技术攻关和产品设计研发，推进适老化改造。

构建城市运行监测体系。建立和完善覆盖全区、深度共享、综合应用的城市运行监测体系，包括各种城市部件监控的传感设备和通讯网络设备，实时监测区域应急响应、安全生产、环境污染、停车和交通情况等城市运行管理各领域数据。建立城市运行分析和预警系统。利用大数据平台提供的硬件资源、数据资源、分析工具，对建设、招商、环境、环卫、绿化、经济、管线、城管、案件等重点行业的城市运行体征指标数据和重大突发事件进行监测，展现城市运行的数据和状态，通过数据分析和挖掘，实现对城市运行整体状况和宏观状况的预警分析，及时发现城市运行管理的主要问题，从而将城市管理关口前置，防患于未然。

推进城市管理重点应用。综合利用物联网、智能感知、实景影像、移动互联网、GIS技术及无级传输等多种技术，重点推进雨量监测、户外广告管理、城市部件识别和管理等系统在城市管理中的应用。建设一站式市民服务平台。以市民对政务和公共事业服务的需求为核心，在现有"区街居"系统及社区服务平台的基础上，全面聚合各类服务资源。推行一窗式受理，一站式服务，通过统一融合、多样化的渠道，基于"实名制"的信息聚合，主动推送个性化服务，为市民提供全方位的服务内容和资源。

四　推动创新成果促进首都社会和谐发展

推动北京教育创新发展。整合北京市中小学优质教育资源，建立教师备课和学生学习支撑系统，创新教学手段和模式。配合教育部推动北京市教育"三通（校校通、班班通、人人通）、两平台（资源平台、管理平台）"建设，实现市内学校信息化水平均衡发展。以"数字校园"建设为突破口，探索建立资源建设多源评价机制和共享激励机制，促进优质教育资源向社会开放。建设大规模智慧学习平台，为市民提供在线学习、终身学习等个性化学习和服务。

推动北京医疗创新发展。推进区域智慧医院的建设，实现电子病历系统、管理信息系统、医学影像系统、实验室检验系统的标准化建设全覆盖；构建区域人口健康信息平台，统筹卫生计生业务及管理数据资源，推动医院之间以及医院与公共卫生机构、社区机构的信息化联接；推进中医药服务的信息化。加强信息资源的挖掘利用。充分利用新一代信息技术,构建覆盖全市人口生命全过程、中西医并重的智慧卫生计生服务体系,实现居民生命全周期健康信息服务。以居民健康卡为依托,实现预约、健康数据管理和共享、自助查询、打印、结算等便捷服务。

推动北京社区创新发展。建设社区医疗服务,构建社区综合服务站,提供居民自助健康体检,实现医院与家庭、个人的对接。利用统一社区服务平台,有效组织社会服务机构,深入拓展服务模块,在餐饮、娱乐、家政等领域培育线上线下结合的社区服务新模式。依托智慧社区公共服务中心,打造集宣传、展示、培训、体验等功能于一体的社区智慧应用体验中心,加强对社区行政办事、一卡通等社区类智慧应用的前期宣传和后期应用培训和指导,提升公众应用水平。

推动养老创新发展。整合社区服务资源,建立社区养老服务体系,通过社区综合服务站,对老人的健康数据进行收集,实现数据与民政机构、社区服务机构、医疗服务机构的有效对接,建立涵盖服务需求、服务项目、服务队伍、服务设施和养老政策的养老数据库,提供一站式养老咨询、申请、评估、分类转接等服务。发展智能化养老机构,推进社区养老信息化建设,为老年人提供生活照料、紧急援助、医疗保健、心理慰藉等服务。推进物联网、移动互联网等在养老服务领域的广泛应用,推广应用可穿戴设备,主动采集老年人实时状态和需求信息，促进远程健康监护、居家安防等的应用。

　　总之，北京建设"四大中心"，必须加强首都创新文化建设，通过创新理念、创新制度、创新环境、创新成果的大力培育，最终将首都创新文化凝聚成为首都人民智慧的结晶，首都城市不断繁荣进步的阶梯，中国在"一带一路"和人类命运共同体建设中文明的象征。